세상에
혼자 사는
단어는
없다

저자의 말

영어를 배우면서 어휘만큼 중요한 것이 있을까 싶습니다. 그런데 그 어휘를 습득해가는 방식은 사실 모국어의 어휘를 습득해가는 방식을 닮는 것이 가장 효율적이라고 생각합니다. 제가 스스로, 국내에서 영어를 직접 익히고, 통번역대학원을 졸업하고, 통역사로 활동하고 또 지난 15년간 가르치는 일에 몸담아 오면서 이것을 더욱 뼈저리게 깨닫습니다.

당장 부족한 어휘실력부터 키워보겠다고 영어 단어들을 나열해 놓고, 옆에 한국어 대응어를 묶고, 예문 하나 달랑 제시하는 식의 영어 '어휘집'을 보고 무작정 암기하는 것은 말을 배우는 데 지양해야 할 일 중에 하나라고 분명히 믿습니다.

단어는 맥락 내에서 이해되고 익혀야, 나중에 소통을 하면서 그 단어들을 이해하고 내가 쓸 수 있습니다. 그래서 가장 좋은 어휘 학습법은 '맥락' 내에서 익히는 것입니다. 그래서, 제가 스스로 직/간접적으로 경험한 것들을 일기 형식의 이야기들로 담아 글을 쓰고, 그 과정에서, 다양한 어휘들을 소개해 보려고 노력했습니다. 이야기를 읽고, 해설을 읽고, 단어들의 특성을 책을 통해 이해해 가다 보면, 어느새 많은 어휘들의 의미와 성격, 쓰임새 등을 익혀나갈 수 있을 겁니다.

이 책은 단순히 '어휘력 증진'을 위한 것이 아닙니다. 결국 '이야기' 안에서 어휘를 익히다 보면, 말의 구조적 특성에 대한 인식이 좋아지고, '소리'로 훈련하기 때문에 들어 이해하는 듣기 능력 개선도 도모할 수 있습니다. 이야기들을 음원으로 만들어 제공함으로써, 나중에 복습할 때는 음원을 들어보는 것 만으로도 단어들의 쓰임새나 의미를 되새김질 할 수 있도록 고안했습니다.

아무쪼록 이 책을 접하는 독자 여러분의 영어 소통 능력 향상에 이 책이 도움이 되기를 간절히 바랍니다.

2017년 8월 5일 한형민

교재 이용 방법

1.

음원으로 이야기 하나를 받아쓰기 한다. (따로 시간을 내서 받아쓰기를 할 만 한 여건이 안 된다면 최소한 3~4회 정도 잘 듣는다. 물론, 받아쓰기를 가장 권장한다.) 이 때 잘 들리지 않거나, 생소한 단어/어구 때문에 어려운 부분을 체크한다. (받아쓰기를 못 한 경우도 그 부분들이 어디였는지 기억해 놓는다.)

2.

책에 실린 대본/번역본 및 해설을 보고, 틀리게 적은 부분들을 확인하고, 문장들, 단어/어구의 뜻을 정확히 이해한다. 영영사전 활용을 적극 권장한다.

3.

생소한 단어나 어구는 별도의 공책에 정리를 해둔다. (복습용)

4.

소리만 듣고 단어 하나까지 모두 정확히 들릴 때까지 복습한다.

5.

이후로는 틈나는 대로 음원을 들으면서 새로 알게 된 단어/어구 등을 상기한다.

* 본 교재를 가지고 별도로 강의를 진행합니다. 스스로 이해하고 공부하는 부분을 더 효율적/효과적으로 도와드릴 수 있으므로, 여건이 허락한다면 강의수강을 권장합니다.

** 교재음원 mp3 파일 다운로드

http://www.hannites.com

01. Pet Peeves – 009

02. Bluetooth – 016

03. Holding hands – 028

04. Gender stereotypes – 036

05. At the dentist's – 044

06. On the subway – 054

07. A call from a presidential candidate – 064

08. American Criminals – 070

09. North Korea and nuclear weapons – 080

10. Applying make-up on the subway – 088

11. Good economy, bad economy – 100

12. American health insurance – 110

13. Better left alone – 120

14. Secret exposed – 130

15. Smishing - 145

16. The dumbest mistake I've ever made - 157

17. Sensitive to noises - 168

18. Omelette - 172

19. Drinking - 180

20. Trolls - 188

21. Blood donation - 198

22. Dog meat - 206

23. Hospice - 216

24. Living in Seoul Alone - 225

25. Birth of a third language - 235

26. The rich get richer, the poor poorer - 245

27. The History of the Death Penalty - 255

한글번역 - 265

01.
PET PEEVES

I take the subway to and from work. And I see people without even some rudimentary manners on the subway. Some middle-aged women take their socks off and act as if there's nothing wrong with that when confronted by a 'brave' passenger. We also have what we call 'Jjokbulnam' - typically men in their 30s or older who have their legs spread wide open on the subway seat for 7 people, encroaching upon all the other six people's space. The two most unfortunate passengers sitting on each side to the guy have to either gather the courage to tell him off or endure the inconvenience. I sometimes wish I could just kick them squarely in the groin. But in the end, I just look away. After all, if they were the kind of people who would say sorry when I tell them off, they wouldn't be acting so bad in the first place. Still, I often find myself wanting someone else to 'make a move' so that I could join him. Maybe I should be that someone else one of these days.

1. I take the subway to and from work.

★ 어휘/어구

- 교통수단 이용 take the bus, take the subway

  비교) I get to work by subway.

- to and from 가거나 올 때 / 출퇴근

2. And I see people without even some rudimentary manners on the subway.

★ 어휘/어구

- rudimentary 가장 기초적이고 기본이 되는 / basic and simple

  비교) He got only rudimentary training.

- on the subway 지하철에서 (지하철에 탄 상태)

  비교) in the subway 지하철 역을 포함한 지하철이라는 장소

- manners 기본 예절 / social behaviors deemed acceptable

  비교) etiquette

★ 구문

- people without rudimentary manners 기본적인 예의도 없는 사람들

3. Some middle-aged women take their socks off and act as if there's nothing wrong with that when confronted by a 'brave' passenger.

★ 어휘/어구

- take their socks off 양말을 벗는다

  예시) I took my shirt off and began swimming.

  예시) Take off your sandals, for the place where you are standing is holy ground.

- as if/though 마치 어쩌기라도 한 것처럼

- there's nothing wrong with that 그건 아무 문제 없다. 괜찮다.
- confront 직접 문제를 지적하며 항의하거나 문제제기를 할 때

    예시) I confronted him about cheating.

★ 구문

- act as if there's nothing wrong with that
  그게 무슨 문제가 있느냐는 식으로 행동한다.
- when (she is) confronted

    예시) When asked if she'd like another beer, she said yes.

4. We also have what we call 'Jjokbulnam' typically men in their 30s or older who have their legs spread wide open on the subway seat for 7 people, encroaching upon all the other six people's space.

★ 어휘/어구

- what we call 소위 뭐라고 부르곤 하는, 뭐라고 불리는.
  특이한 명칭이나 이름을 소개할 때

    예시) She is suffering from what we often call a 'princess sickness'.

- men in their 30s   30대 남자들
- people in their 40s   40대 사람들
- have their legs spread wide open   다리를 쩍 벌리고 있다

    예시) He had his hair cut. He had his hands in his pockets He had the door open.

- encroach upon (남의) 시간이나 공간, 여지 등을 야금야금 갉아 먹는다는 말

    예시) His apple trees are encroaching upon my land.

    예시) ~ encroach upon people's privacy

★ 구문

- encroaching upon / 두 가지 의미군을 연결할 때

    예시) They locked me up in a room without windows, making it impossible to escape.

    예시) I smiled at her trying to look as good as I could.

5. The two most unfortunate passengers sitting on each side to the guy have to either gather the courage to tell him off or endure the inconvenience.

★ 어휘/어구

- sit on each side to the guy 그 남자 양쪽에 앉아 있다

  비교) I sat right next to the girl.

- gather the courage 용기를 내다, 잘 안나는 용기를 억지로 짜내다
- tell someone off 안좋은 소리 하다, 뭐라고 하다, 혼내다

  예시) Mom told me off about the mess in my room.

  예시) The teacher told us off for being late.

- endure 감내하다. 꾸준함과 지속성이 관건 비교) tolerate

  예시) She has endured years of abuse by her husband.

  예시) We won't tolerate any more violations of basic human rights.

★ 구문

- the passengers / sitting on each side to the guy

  의미상 주어와 동사를 가지고 있는 구문을 한 덩어리로 만들기

  예시) The woman sitting at the red table is my boss.

  예시) That guy gorging on a hamburger really disgusts me.

6. I sometimes wish I could just kick them squarely in the groin.

★ 어휘/어구

- squarely 딱! 딱 어디, 정통으로

  예시) She looked at me squarely in the eye.

  예시) They stood squarely in front of the chairman in protest.

- groin 가랑이, 사타구니
- kick ~ in the groin 사타구니를 걷어차다

예시) I hit him in the head.

예시) She shot him in the head.

예시) I punched him in the nose.

예시) He looked me in the eye.

★ 구문

- I wish I could ~할 수 있었으면 좋겠다

    예시) I wish I could see you again.

    예시) I wish you could come with us.

7. But in the end, I just look away.

★ 어휘/어구

- in the end / finally / despite everything that happened

    예시) He stopped yelling and fell on his knees in the end.

    소리 지르다가 멈추더니 결국 무릎을 꿇었다.

- look away 다른 곳으로 고개를 돌리다(체념이나 혐오, 당황스러운 장면 앞에서)

8. After all, if they were the kind of people who would say sorry when I tell them off, they wouldn't be acting so bad in the first place.

★ 어휘/어구

- after all 아니 뭐… 그도 그럴 것이

    (결국 따지고 보면 어찌어찌한 것도 당연한 일이라는 식의 말을 하고자 할 때)

    예시) I let him go. After all, everybody lies.

    예시) I decided to give David one of my kidneys. After all, he is my brother.

- the kind of people who ~이런 종류의 사람

    예시) He is not the kind of person who would do such a thing.

- in the first place 원래 말했어야 했던 당연한 상황임을 강조할 때 쓰는 말. 애초에

예시) What would you have done? I would never get myself involved in that kind of situation in the first place.

★ 구문

- if they were~ they wouldn't be 그 사람들이 어떤 사람들이었으면, 그러지도 않았을 것

예시) If he were a true humanitarian, he wouldn't be making so much noise about his donation.

9. Still, I often find myself wanting someone else to 'make a move' so that I could join him.

★ 어휘/어구

- still 하지만, 그렇긴 해도, 여전히 걸리는 것은, 그래도 등등
  특정 흐름으로 말하다가, 걸리는 부분이 있음을 보여주고자 할 때

  예시) He is kind, generous, great-looking, and most of all, rich.
  Still, I'm not sure if he could make a great husband.

- find oneself 내가 이러고 있다, 나는 이런 생각/느낌이 든다

  예시) I often find myself browsing the Internet looking for any postings with my name in it.

- make a move 가만히 있지 않고 어떤 (거창한) 행동을 실제로 취하게 될 때

  예시) Man1: Hey, isn't that girl over there hot?
  Man2: Wow, tell me about it. You make a move and bring her over here.

  예시) He called me a moron. Should I make a move?

- so that 그래서 어떻게 하게…

  예시) Bring some salt, potato and meewon so that I could maybe perk up this bland doenjangzzigae.

★ 구문

- want someone else to 다른 누군가가 뭘 좀 했으면 좋겠다

  예시) I want someone else to do this for me.

10. Maybe I should be that someone else one of these days.

★ 어휘/어구

- one of these days 조만간, 언제 한 번

예시) I'm sure you'll rue the day one of these days.

예시) We should grab a beer or something one of these days.

02.
BLUETOOTH

It feels like eons but actually Bluetooth, the amazing wireless technology, has been around for less than a decade. When I first read about it, I was simply mesmerized at the prospect of getting my hands on the Bluetooth-enabled earphones. Today, they're ubiquitous. I myself am one of the biggest beneficiaries since I'm almost glued to my cell during my daily commute. Watching movies and listening to music without having to fumble through the myriad of stuff in my bag trying to grab earphones is definitely a good thing.

But then, every piece of state-of-the-art technology has its unintended consequences. This little episode I'm going to share is nothing to be ashamed of, but certainly something awfully embarrassing.

The other day I was out of the subway on my way home from work. Walking up the stairs, I spotted a girl probably in her early 20s looking directly in my direction. I was sure she used to be one of my students and knew that if I failed to recognize her, that should be at least a bit of a disappointment for her. But I couldn't recognize her. Right then, she talked to me asking 'So, what did you say you're going to do tomorrow?' That struck me as a little odd because you should at least say hello first. Confused, I said, "Well, hi! I'm sorry but…." She walked right past me without even looking back.

Turns out, she was talking on the phone. Except that she wasn't holding the phone in her hand. It was Bluetooth-enabled earphones she was wearing. I was really red in the face and really wanted to 'vanish into thin air' right there. Probably some of the people around me may have noticed me talking to nobody. What an embarrassment!

1. It feels like eons but actually Bluetooth, the amazing wireless technology, has been around for less than a decade.

★ 어휘/어구

- eons 영겁, 지질학에서 100억년. 매우 오랜 시간. 보통은 매우 오랜 시간이라는 말을 과장해서 표현할 때 쓰는 고어스러운 말.

  예시) It was eons ago that she vowed to give every elderly person in the country 200,000 won every month.

- be around 사람이나 사물이 실제 우리 주변에 존재해 있다.

  예시) Try to take good care of your aging parents. Who know? They may not be around this time next year.

- decade 10년. 우리 말과는 용법이 많이 다름

  예시) Korea hopes to put a man on the moon within this decade.

  예시) I've known him for decades, but I don't think I fully know him.

★ 구문

- Bluetooth, the amazing wireless technology, 부가 정보를 전달하고자 다른 이름 혹은 설명을 comma와 함께 첨가

  예시) 올해 52세가 되신 우리 아버지는 아직도 근력운동을 하신다.

  David, my 52-year-old father, still regularly pumps iron.

  * 비교1: My 52-year-old father still regularly pumps iron.

  * 비교2: My 52-year-old father who is 52 years old still regularly pumps iron.

2. When I first read about it, I was simply mesmerized at the prospect of getting my hands on the Bluetooth-enabled earphones.

★ 어휘/어구

- mesmerize 능동형과 수동형으로 모두 쓰여, 마술에 걸린 듯 완전히 매료된 상태를 묘사할 때 사용

  예시) I was mesmerized by her charming smile.

예시) Her heavenly performance has mesmerized the audience.
- prospect 미래/가능성/전망 등의 의미를 모두 포함 비교) prospective
    예시) What can you tell us about the country's economic prospects this year?
    예시) There's a good prospect that he will come back to earth in one piece.
    예시) Prospective applicants for the position are advised to send in a CV by Dec. 3rd.
- get one's hands on 어떤 사람이나 물건에 손을 댄다. 혹은 손에 넣는다.
    예시) If he manages to get his hands on a nuclear weapon, things will certainly get really bad on the peninsula.
    예시) I got my hands on some of his dolls.
- enabled 특정 기능 등과 함께 쓰여, 기능이 첨가되거나, 내장되어 있다는 말을 하고자 할 때 쓰임
    예시) Web-enabled cell phones were a rarity in the 1990s.

3. Today, they're ubiquitous.

★ 어휘/어구

- ubiquitous / exist everywhere
    예시) About 20 years ago, only a small number of people were carrying around a mobile phone with them. Now, they're ubiquitous.

4. I myself am one of the biggest beneficiaries since I'm almost glued to my cell during my daily commute.

★ 어휘/어구

- beneficiary / people who are helped by something/someone
    예시) My brother was a beneficiary of the Pell Grant program.
- be glued to 무엇인가에 붙어있다. TV나 잡지, 기타 매체 등에 몰두하고 있다
    예시) I'm really worried about my son. He is glued to the TV all day during the summer break.

- cell 핸드폰 cellular phone, cell phone, mobile phone, mobile
- commute 출퇴근(길) 교통수단 등을 이용해 직장을 오가는 행위

　　예시) I'm willing to commute long distances if I could live in a bigger house.

★ 구문

I myself am one of the biggest beneficiaries / since I'm almost glued to my cell / during my daily commute.
의미 덩어리 구분. 덩어리 별로 이해한 다음 연결해서 기억하고 입에 붙여 암기해야 구문이해 능력과 조어능력 향상에 더 효과적이다.

5. Watching movies and listening to music without having to fumble through the myriad of stuff in my bag trying to grab earphones is definitely a good thing.

★ 어휘/어구

- fumble 무언가를 찾기 위해 손으로 더듬거리는 모양

　　예시) The light was out, so I had to fumble for the key.

- myriad / a lot in number and kind 종류가 많고 수가 많다는 말을 하고자 할 때.

　　예시) A myriad of groups is joining the candlelight vigil.

★ 구문

- without having to 무얼 꼭 하지 않고도. without 이하 모양 유의

　　예시) I hate having to get up and go to the bathroom in the middle of the night. I wish someone could invent some kind of device to wear during the night so that we could 'take care of' the nature's call at night without having to get up.

- trying to ~ 분사구문.

　　예시) I sent him an e-mail giving him a list of things I want him to buy on his way to work tomorrow morning.

6. But then, every piece of state-of-the-art technology has its unintended consequences.

★ 어휘/어구

- but then 이야기의 반전을 이루는 부분에 씀.

  예시) I've always believed in destiny. But then, come to think of it, I've never just given in when I faced big challenges.

- state-of-the-art 가장 앞선 기술, 최첨단

  예시) You can't say Apple has the state-of-the-art technology, but it certainly beats everyone else in terms of makings things that look and feel cool.

- unintended consequences 예기치 못한 결과, 의도하지 않은 결과. set phrase로 자주 등장

  예시) The development of mechanical engineering allowed us to make faster cars, but as an unintended consequence, it led to more deaths on the road.

7. This little episode I'm going to share is nothing to be ashamed of, but certainly something awfully embarrassing.

★ 어휘/어구

- be ashamed of 창피하거나 부끄러워하다

  예시) Don't be ashamed. Poor grades do not always mean you were lazy.

★ 구문

- nothing to be ashamed of 부끄러워할 일이 아니다

8. The other day I was out of the subway on my way home from work.

★ 어휘/어구

- the other day 얼마 전에, 예전에, 한번은. 그리 멀지 않은 과거에 있었던 일을 소개할 때

　예시) The other day, when I was having lunch with my friend Patricia, I found a live fly in my bowl of kimchizzigae.

- on one's way home from work 퇴근하고 집에 가는 길에

9. **Walking up the stairs, I spotted a girl probably in her early 20s looking directly in my direction.**

★ 어휘/어구

- spot 사람/사물 등을 식별해내다, 보고 알아차리다, 찾아내다

　예시) It's easy to spot me in the crowd. I would probably be the only man with red hair there.

- in my direction 동사구와 함께 쓰여 방향을 나타낼 때 자주 등장

　예시) You're going in the wrong direction. Cross the street and take a cab right there.

★ 구문

- Walking up the stairs,/ I spotted a girl / probably in her early 20s / looking directly in my direction.　- 의미덩어리와 연결고리 유의

계단을 걸어가다가 여자를 보았는데 / 아마 20대 초반이고 / (그 사람이) 내 쪽을 보고 있었다.

　예시) (While I was) Listening to the radio,/ I stumbled upon one of my old friends from high school / (who was) getting out of the subway.

10. **I was sure she used to be one of my students and knew that if I failed to recognize her, that should be at least a bit of a disappointment for her.**

★ 어휘/어구

- fail to [실패]라는 한국어와 잘 어울리지 않음. 해야 하는데 못하거나 그냥 못하게 되는 상황을 설명하는 경우가 더 많음.

예시) He failed to keep his word and didn't show up for the appointment.

비교) He failed to get it done by 5 p.m. as he said he would.

- should (어느 정도의 확신이 있는) 추측을 표현할 때

예시) He should be by here now.

예시) A: Where the heck is the restaurant you talked about? We've been on the road for an hour now.

B: You should know when you get there.

(A: 벌써 차 타고 한 시간이나 됐는데, 도대체 당신이 말한 식당은 어디 있는거야?

B: 다 오면, 이게 거기구나 하고 바로 알 수 있을거야.

- a bit of 감정을 나타내는 명사와 어울려 조금 어떤 기분이라는 말을 표현

예시) It was a bit of a surprise to see him in the night club.

11. Right then, she talked to me asking 'So, what did you say you're going to do tomorrow?'

★ 어휘/어구

- right then 바로 그 때. '짠!' 하는 느낌.

예시) I yelled at him right then and there. 난 그 자리에서 바로 그 사람에게 소리를 질러 버렸다.

★ 구문

- she talked to me asking 뭐라고 물으며 말을 걸었다. She asked me 와 비교. 말을 걸었다는 점이 중요. 말을 건 방식이 뭐라고 물음으로서였다는 뉘앙스.

- what did you say you're going to do 뭐 할거라고 그러셨죠? 소위 의문사를 이용한 질문을 던질 때, "뭐라고 하셨죠?"라는 말을 첨부해 넣어 사용

예시) Where did you say the meeting is going to be held? 회의가 어디서 열릴 거라고 하셨죠?

예시) When did you say you met the woman? 그 여자분을 언제 만났다고 하셨죠?

12. That struck me as a little odd because you should at least say hello first.

★ 어휘/어구

- strike me as odd 나에겐 이상하게 다가왔다. 사물이나 사람을 보았을 때 어떤 느낌으로 다가온다는 말을 표현

  예시) She struck me as a very sociable person.

  예시) He was very late for the meeting. That struck me as a little odd because he is a very punctual person.

13. Confused, I said, "Well, hi! I'm sorry but…."

★ 어휘/어구

- confused 헷갈리다. 뭐가 뭔지 이해가 잘 되지 않는 상황

  예시) I'm often confused about all the different references based on age such as oppa and hyung.

★ 구문

- Confused, I said ~ 형용사(분사) + 절의 형태. 주의: 의미상 주어가 같아야.

  예시) Encouraged, I came up to him and said, 'Let me give it a try.'
  나는, 의기양양해져서, 그 사람에게 다가가서 '내가 한 번 해볼게요'라고 말했다.

  예시) Still angry, the woman grabbed his sandwich and took a bite.
  여자는, 여전히 화가 풀리지 않아, 그 사람의 샌드위치를 집어 한 입 베어 물었다.

14. She walked right past me without even looking back.

★ 어휘/어구

- walk past someone 누구를 그냥 지나쳐 지나가다

  예시) I walked past the restaurant trying not to look at her inside.

- look back 돌아보다

  예시) I didn't look back and just ran and ran.

★ 어구

- without 구문

  예시) He grabbed my pancake and ate it up without saying a word.

  그 사람은 내 팬케익을 집어 들더니 한 마디도 하지 않고 모두 먹어버렸다.

15. Turns out, she was talking on the phone.

★ 어휘/어구

- (It) turns out (that) ~ 알고 보니 어떤 것이었다.

  예시) It turned out that he had been aware of the murder from the beginning.

  알고 보니, 그 남자는 그 살인사건에 대해 처음부터 알고 있었다.

- talk on the phone 전화통화하다 비교) talk to/with the phone (x)

  예시) You're not allowed to talk on the phone while driving.

  운전 중에 전화통화를 하면 안됩니다.

16. Except that she wasn't holding the phone in her hand.

★ 어휘/어구

- except that 단, ~했다는 거… / 주어진 상황에 반전이나 특이한 상황을 뒤에서 설명하고
  자 할 때

  예시) I fully understand that no excuses are allowed in this case. Except that I have
  really good ones.

- hold the phone in her hand 손으로 전화기를 붙들고 있다

  ◆ except that 본래는 문장의 일부로 구성되었던 구문이, 반전의 느낌을 주기 위해 떨어진
  형태. 비슷한 경우로, which를 들 수 있다.

  예시) He is nice except that he is a little shy. -> He is nice. Except that he is a little shy.

예시) He is always talking about himself, which tells you what kind of a person he really is.
☞ He is always talking about himself. Which tells you what kind of a person he really is.

17. It was Bluetooth-enabled earphones she was wearing.

★ 어휘/어구

- enabled 특정 기술명과 어울려, 그 기능이 탑재되어 있다는 것을 표현

예시) I bought an Internet-enabled TV set at e-Bay today.

★ 구문

It was ~ that she was wearing.

그것은 그 여자가 착용하고 있던 블루투스 이어폰이었다.

예시) It was me that she was talking about.

그 여자는 '나'에 대해 얘기하고 있던 것이었다.

18. I was really red in the face and really wanted to 'vanish into thin air' right there.

★ 어휘/어구

- red in the face 당황, 창피함 등으로 얼굴이 빨개지다

예시) I hit him on the back real hard thinking he was Gary. Turns out he was a total stranger. I was really red in the face.

- vanish into thin air 공기 중으로 사라지다. 온데 간데 없이 사라지다

예시) I'm sure I put my bag on the desk. But it has vanished into thin air. I can't find it.

19. Probably some of the people around me may have noticed me talking to nobody.

★ 어휘/어구

- notice 오감을 통해 새로운 것을 감지하다. '어!' 하는 느낌

  예시) I noticed that one of the students was missing.

- talk to nobody 혼자 이야기하다

★ 어구

- noticed me talking to nobody / noticed me + me talking to nobody의 연결형태로 이해 / 모든 동사가 이렇게 쓰이는 것은 아니므로, 이런 모양이 나올 때마다 해당 동사의 쓰임새를 기억하고 문장을 암기

  예시) I saw him eating a sandwich.

03.
HOLDING HANDS

Humans are the only species who holds hands to show affection and bonds. As a father of two, I myself do that all the time. I hold my little daughter's hand to church. I even like to hold my 13-year-old son's hand too. And they don't mind. Of course they don't, why would they? Right?

I also see girls holding hands on the street and practically everywhere. Maybe they're friends or they're moms and daughters. I still kind of find it difficult to understand when I see two female grown-ups holding hands. I don't know but somehow I guess I believe we grow out of the show of affection over time.

And there's one taboo. No holding of hands by two male adults. Period. That's kind of off-key. You might say that's because two men holding hands is an obvious indication of them being gay. But I ask what about all those girls in Korea holding hands so emphatically? They're not lesbians? No, they're not, at least most of them, I should say. I'm not trying to touch on anything about all the moral, legal or religious issues on homosexuality. I'm just saying why the difference in attitudes. Oh, don't get me wrong. I'm in no way saying men should be allowed to hold hands in public without feeling awkward. Why should we, anyway? I'm just saying, you know.

1. Humans are the only species who holds hands to show affection and bonds.

★ 어휘/어구

- species 동식물 등의 종
- hold hands 손잡기
- affection 애정, 애착, 좋아하는 감정, 특히 신경 써줌

   예시) He seems to have a great affection for Busan.
- bond 유대, 끈, 이어주는 것, 관련되어있음

   예시) The bond between mother and child cannot be severed.

2. As a father of two, I myself do that all the time.

★ 어휘/어구

- a father of two 두 아이를 둔 아빠 비교) a mother of three, a family of four

   예시) The teacher divided the students into groups of 5.

★ 구문

- As ~ , I do something

   예시) As a teacher, you have a responsibility to lead the students in the right direction.

3. I hold my little daughter's hand to church.

★ 구문

- hold her hand to church 손을 잡고 교회에 데려가다

4. And they don't mind.

★ 어휘/어구

- mind 꺼리다, 싫어하다. 주로 꺼리거나 싫어하지 않는다는 맥락에서 사용

예시) Do you mind if I sit next to you? No, I don't. Go ahead.

5. Of course they don't, why would they?

★ 구문

- why would they? 왜 그러겠어? 그럴 이유가 뭐가 있겠어?

예시) Did you lie to me? No, I didn't. Why would I?

6. I also see girls holding hands on the street and practically everywhere.

★ 어휘/어구

- practically 사실상 거의 (모두), 실질적인 의미에서 보면 (모두)

예시) Practically everybody likes him.

★ 구문

- see girls holding 누가 뭐하는 걸 본다.

예시) I saw her gorging on the pizza.

7. I still kind of find it difficult to understand when I see two female grown-ups holding hands.

★ 어휘/어구

- grown-up / adults '성인'을 부르는 다소 casual한 말

★ 구문

- find it difficult to 개인적으로 볼 때 어떻다는 말. 느낌을 전달하고자 할 때.

예시) I find it interesting to talk to him. (talking도 acceptable)

8. I don't know but somehow I guess I believe we grow out of the show of affection over time.

★ 어휘/어구

- somehow (문장 앞에 쓸 때) 글쎄, 뭐, 왜 그런지는 모르지만

  예시) Somehow I don't feel it's appropriate to go to a movie with him.

- grow out of 시간이 지나면서 혹은 나이가 들어가면서 점차 무엇을 안 하게 혹은 무엇과 멀어지게 된다

  예시) Do you keep your children's clothes when they grew out of them?

  예시) People seem to grow out of giving handmade gifts.

- show of affection 애정표현, 사랑이나 좋아하는 감정의 표현
- over time 시간이 지남에 따라 비교) as time goes by

  예시) You'll get to love him over time.

9. No holding of hands by two male adults. Period.

★ 어휘/어구

- period 마침표. 별도로 문장 뒤에 써서, 그 말은 토를 달 필요도 없이 사실이라는 점을 강조

  예시) You are grounded for one month, son. Period!

★ 구문

- no holding of hands by two male adults 명령문의 느낌이나 명사구로 처리함으로써 더 간결하고 강경한 느낌을 줌.

  예시) No more talking to me. (Don't talk to me anymore)

10. That's kind of off-key.

★ 어휘/어구

- off-key / inappropriate 본래는 음정이 안 맞는다는 말로, 주변 상황에 어울리지 않는다는 의미로도 쓰임.

예시) His remarks about the president at the meeting was off-key.

11. You might say that's because two men holding hands is an obvious indication of them being gay.

★ 어휘/어구

- obvious 누가 봐도 아니라고 할 수 없을 만큼 분명한

    예시) That's an obvious sign of cowardice. 그건 분명히 (누군가가) 겁쟁이라는 증거야.

★ 구문

- two men holding hands 두 남자가 손을 잡고 있는 것 비교) the fact that two men are holding hands

    예시) Two dogs walking side by side is not an uncommon sight around here.

    개 두 마리가 나란히 걷고 있는 것은 이곳에선 이상한 장면이 아니다.

- an indication of them being gay 그 사람들이 게이라는 표시

    비교) It is an indication that they are gay.

    예시) The phone record is evidence of him being part of the scam.

    그 전화기록은 그 사람이 사기의 일부라는(사기꾼 중 하나다) 증거이다.

12. But I ask what about all those girls in Korea holding hands so emphatically?

★ 어휘/어구

- emphatic 누가 뭐라고 해도 단호하게, 확실하게

    예시) His emphatic denial could be seen as evidence that he is the culprit.

★ 구문

- what about ~ / ~는 어떻게 하고. 그러면 ~는 뭐야?

    예시) What about me? (다른 사람들은 모두 선물을 줬는데 본인만 못 받았을 때)

13. No, they're not, at least most of them, I should say.

★ 구문

- I should say. (뒤에 붙이는 말로) 이렇게 얘기해야 하지(그래야 더 맞는 말이긴 하지)

  예시) He said no. Well, he said he would think about it, I should say.

14. I'm not trying to touch on anything about all the moral, legal or religious issues on homosexuality.

★ 어휘/어구

- touch on 어떤 문제, 이슈 등을 슬쩍 이나마 다루다, 건드리다

  예시) His speech failed to touch on the real issues about the trade dispute.

- homosexuality 동성애 (성적 지향) 비교) heterosexual

15. I'm just saying why the difference in attitudes.

★ 구문

- why the difference? / why is there difference?

  예시) Why me? / Why did you pick me of all those people?

  왜 나야? (왜 그 많은 사람들 중에 나를 선택했어?)

- difference in attitudes 태도의 차이 비교) different attitudes

  우리 말로 볼 때, "태도의 차이"라는 말과 "다른 태도"라는 말이 뉘앙스와 강조점이 다른 것과 비슷.

  예시) They were born identical twins and were raised in the same environment. Then why the difference in height?

16. Oh, don't get me wrong.

★ 구문

- Don't get me wrong. / set phrase로 오해 마세요. 내 의도를 잘못 받아들이지 마세요.

17. I'm in no way saying men should be allowed to hold hands in public without feeling awkward.

★ 어휘/어구

- in on way 보통 문장 중간에 넣어 전혀 그렇지 않다는 말을 강조

  예시) He is in on way suggesting that we quit our job and join him.

- awkward (상황 등이) 어색하고 이상하거나 (사람이) 받는 이상한 느낌을 표현

  예시) I couldn't stand the awkward silence.

  예시) I felt awkward looking at her.

18. I'm just saying, you know.

★ 구문

- I'm just sayin'. 아니 뭐 말이 그렇다는 거죠

  예시) Wow, wow. Don't get so mad. I'm just saying', you know.

04.
GENDER STEREOTYPES

Boys and girls are different not just biologically. They are expected to behave in a certain way in many social settings. You don't need to bring up books like the fabled 'Men are from Mars, Women are from Venus' to talk about gender differences. We somehow know it. They're two different species. I'm not really 'well-versed' in all those constructionism vs instructionism debates that have been going on for, I don't know, maybe hundreds of years. And all these intriguing observations may be nothing but overly simplified stereotypes. But you know it's fun to think and talk about these things. Is it not?

In one of my classes, I happened to ask the students: Girls! What do you do when the computer breaks down? I expected them to say, 'You try to fix it'. Instead, one of the girls said, 'You turn it off and go find something else to do. Or you call the repairman. That kind of left me dumbfounded to say the least. Come to think of it, I think I actually found it very funny. Something breaks down, you fix it. That's what I do at least, and I didn't see a single boy who would just turn away from a light bulb that just went off. Surprisingly, a lot of the girls in the classroom were nodding in agreement at the girl's response.

My little girl at home just loves dolls. My boy? I remember him playing with toy trucks when he was younger. And now he's rarely home during the daytime. He's always seen running, chasing a ball or his friends outside. Stereotypes or innate characters, these differences are often amusing to see.

1. They are expected to behave in a certain way in many social settings.

★ 어휘/어구

- behave 몸을 움직이는 행동 따위보다는 주어진 환경에서 '처신'하는 모양을 지칭.

  예시) He is respected by many because he behaves like a true gentleman.

  예시) Behave yourself, son!

- setting 여러 조건을 갖춘, 어떤 일이 일어나는 특정 장소/상황

  예시) A coffee shop is the perfect setting for romantic scenarios to occur.

2. You don't need to bring up books like the fabled 'Men are from Mars, Women are from Venus' to talk about gender differences.

★ 어휘/어구

- bring up 화제, 토픽(감)을 대화에 꺼내다

  예시) Don't bring it up while he is still in the house.

- fabled 전설에 나오는, 오랫동안 회자되어온, 모두가 많이 들어 잘 알고 있는

  예시) I never dreamed of ever being able to see the fabled Jack from the Jack and the Beanstalk.

- gender difference 성차(性差), 성별간 인식, 특성의 차이

  * you don't need to ~ to ~ 뭐 하는데 꼭 뭐까지 하지 않아도 된다. 당연한 얘기를 당연하다고 강조할 때 쓰는 말

  예시) You don't need to be a doctor to know how important hand-washing is.

  비교) It doesn't take a genius to know that it's a fake.

3. They're two different species.

★ 구문

- they're two different species 두 사람 혹은 남녀가 많이 다르다는 점을 강조하고자 할 때 set phrase로 이용.

예시) A laughing stock is not the same thing as comedy. They're two different things.

4. I'm not really 'well-versed' in all those constructionism vs instructionism debates that have been going on for, I don't know, maybe hundreds of years.

★ 어휘/어구

- (well) versed (in) 특정 분야에 정통하다, 잘 알고 있다

  예시) He is well versed in international law.

★ 구문

- I don't know 문장 중간에 써서, 정확하지는 않지만 대충 어떻다는 말을 하고자 할 때

  예시) I've known him for, I don't know, maybe 20 years.

- hundreds of years 수백 년

  비교) thousands of years, tens of thousands of years, hundreds of thousands of years, millions of years, etc.

5. And all these intriguing observations may be nothing but overly simplified stereotypes.

★ 어휘/어구

- intriguing 새롭거나 궁금증을 유발한다는 측면으로 very interesting의 의미

  예시) Can you give me any intriguing physics questions I can write my project about?
  내 과제로 쓸 흥미로운 물리학 질문을 좀 제안해주실 수 있으세요?

- observation 자세히 들여다보는 '관찰'. 종종 추상적 개념의 '관찰'이 아닌 관찰의 결과로 나타난 의견이나 견해를 지칭

  예시) He is just trying to share his observations on English learning in Korea.
  그 사람은 그냥, 한국에서의 영어교육에 대해 본인이 느낀 바를 전하려고 하는 것 뿐입니다.

- nothing but ~에 불과한 것. but은 except의 뜻. 즉, ~ 라는 점을 빼면 아무것도 아니다, 혹은 아무것도 없다는 말

   예시) He's got cancer. Stage 4. Nothing but a miracle can save his life.
   그 사람 암이야. 말기. 기적이라도 일어나지 않으면 살 수 없어.

6. In one of my classes, I happened to ask the students: Girls! What do you do when the computer breaks down?

★ 어휘/어구

- happen to 어쩌다 보니 어떻게 되다. 우연히 어떻게 하게 되다. 마침 어떤 상황이다.
   예시) I happened to read his diaries. 어떻게 하다가 우연히 그 사람 일기를 보게 되었다.
   예시) My sister happens to be an English major. 마침 내 여동생이 영어 전공이야.
- break down 기계가 고장 나서 작동하지 않거나, 건강에 크게 문제가 생겼다는 말
   예시) His health broke down under the strain of overwork.

7. I expected them to say, 'You try to fix it'.

★ 어휘/어구

- expect 모양에 유의 I expect you to hand in the assignment by tomorrow morning.

★ 구문

- You try to fix it. 주어를 I로 안쓰고 you로 쓴다는 점에 유의.

8. Instead, one of the girls said, 'You turn it off and go find something else to do.

★ 어휘/어구

- instead 대신에, 그러지는 않고. '대신에'라는 말이 어울리지 않는 상황이 많다는 점에 유의
   예시) I thought he would make a great husband. Instead, it turned out that he was a drunkard and gambler who doesn't care about his wife.

★ 구문

- go find something 가서 찾아본다. go와 find 사이에 to를 안 쓴다는 점에 유의

  예시) You should go see the doctor.

  예시) Let me go get something to drink.

9. That kind of left me dumbfounded to say the least.

★ 어휘/어구

- dumbfounded 너무 놀라거나 당황해서 아무 말도 못하는 상황

  예시) The news of his death left me dumbfounded.

- to say the least 조금도 과장하지 않고, 아무리 최소한으로 얘기해도, 레알

  예시) Even considering his immense wealth, the sheer size of the investment left me in awe, to say the least. 그 사람이 엄청난 부를 가지고 있다는 점을 생각해도, 그 투자 금액은 완전 입이 딱 벌어질 정도였다.

10. Come to think of it, I think I actually found it very funny.

★ 어휘/어구

- come to think of it 돌이켜 생각해보니. 지금 와서 보니까. 문장 앞에 많이 씀.

  예시) Come to think of it, he was mad at me about it.

11. That's what I do at least, and I didn't see a single boy who would just turn away from a light bulb that just went off.

★ 어휘/어구

- single 부정어와 같이 써서 전혀 그렇지 않다는 상황을 강조

  예시) Not a single kid in the classroom was prepared for the test.

- turn away 어떤 상황이나 사물로부터 돌아선다는 말.

예시) I turned away from the door and went straight home.

예시) Please don't turn away from me. (부디 내게 등을 돌리지 말아요.)

- go off 전구, 불이 나갔다는 말 / 알람시계가 울리거나 폭탄이 폭발한다고 할 때도

예시) The bomb went off as I came out of the building.

내가 건물에서 나오자 바로 폭탄이 터졌다.

예시) I didn't hear the alarm clock go off this morning.

오늘 아침 알람시계가 울리는걸 못 들었어

12. Surprisingly, a lot of the girls in the classroom were nodding in agreement at the girl's response.

★ 어휘/어구

- nod in agreement 동의의 표시로 고개를 끄덕이다. 그 말이 맞다고 생각하면서 고개를 끄덕이다. 비교) shake one's head in disbelief

예시) When he heard the news, he shook his head in disbelief.

그 사람은 그 소식을 듣고 믿을 수 없다는 듯 고개를 흔들었다.

13. I remember him playing with toy trucks when he was younger.

★ 구문

- remember him playing 그 아이가 놀곤 했던 걸 기억한다

예시) I remember them always complaining about the noise.

14. And now he's rarely home during the daytime.

★ 어휘/어구

- he's rarely home 집에 거의 없다 (항상 나가 있다)

15. He's always seen running, chasing a ball or his friends outside.

★ 어휘/어구

- he is seen running 그 아이는 항상 뛰어다니는 것이 목격된다. 보면 항상 뛰어다닌다

비교) He was seen stealing a car. 그 사람이 차를 훔치는 것을 본 사람이 있다.

예시) She was seen ranting and raving by the janitor.
건물관리인이 그 여자가 노발대발하는 것을 보았다.

16. Stereotypes or innate characters, these differences are often amusing to see.

★ 어휘/어구

- innate 성격, 특성 등이 원래 타고난, 천성인

예시) Unlike other animals, humans have the innate ability to speak.

★ 구문

- (Whether) stereotypes or innate characters, these differences ~

(그것이) 이것이건 아니면 저것이건, 그건 어떻다

예시) (Whether) single or married, young or old, men are born to be drawn to 'pretty' girls. (사실은 그렇지 않음)

05.
AT THE DENTIST'S

The toothache was excruciating. I knew I had to go get this cavity filled. After three painful nights, I headed out to the nearest dentist's. You see, the child next door will tell you what the two scariest places in the world are: a haunted house and the dentist's. Of course, the squeaky clean atmosphere is THE most unnerving part of the dentist's. The white gowns only add to the fear. I lay on the dental chair, and the dentist came and asked me a few questions, the answers I gave to which I could barely remember now. I was that intimidated.

He gave me a few shots to numb my gums, went away for a couple of minutes, came back and started treating my rotten tooth. It hurt. Really hurt. I screamed, and the dentist seemed a bit surprised and said 'Well, let me give you another round.' Another round of shots and a few more minutes. He came back. The hurt was still there. I was given a third and still could feel the pang from his drill. I had no choice then but to just endure the 20 or so minute long pain. I got out, my muscles still stiff.

About three hours later, I had a class to teach. I got in the classroom and started talking as usual. What came out of my mouth was a simple non-sense. Uhubuabobobua… It was a disaster. The class seemed stunned at first, and a student or two started giggling in the back of the classroom. Yes, I was drooling except that I didn't notice, or rather, didn't feel it. The three rounds of dental anesthesia were only beginning to kick in. I had to reach for the tissues the whole time during the class, and the class couldn't seem more amused to see me embarrassed.

1. The toothache was excruciating.

★ 어휘/어구

- excruciating (고통 등이) 매우 극심해 참을 수 없을 정도라는 말

  예시) What can people do when they suffer excruciating ear pain?

  * word origin ? crux/crucify

2. I knew I had to go get this cavity filled.

★ 어휘/어구

- go get a cavity filled 가서 충치치료를 하다. '벌레 먹은' 치아를 파내고 채워 넣는다는 의미에서.

3. After three painful nights, I headed out to the nearest dentist's.

★ 어휘/어구

- head out 밖으로 향하다, 나가다 head를 동사로 쓴 점에 유의

  예시) He put them in his car and headed for the office.

- the dentist's 치과 the dentist's office에서 office를 뺀 형태로, 대부분 이렇게 씀

4. You see, the child next door will tell you what the two scariest places in the world are: a haunted house and the dentist's.

★ 어휘/어구

- you see 보통 문장 앞에 써서, 무언가를 설명할 때, 주의를 환기시키기 위해 쓰는 말. 있잖아.

  예시) You see, the thing is, girls tend to pretend like she doesn't care when she has a crush on someone. 있잖아, 그거 알어? 여자들은 남자한테 반하면 겉으로는 관심이 없는 척 해.

- the child next door 옆집 아이. 보통 아이들이 어떻다는 말을 할 때, 일반화시켜 옆집아이로 부르는 경우가 많음. 또, '옆집 아이'는 실제 일상생활에서도 종종 등장하는 소재.
- haunted house 귀신 나오는 집, 무서운 것, 무서운 곳을 총칭하여 부르는 경우가 많음.

★ 구문
- 콜론(colon, :) 앞서 이미 다음에 나올 말을 예고할 때 씀

  예시) There's one thing I extremely hate about babies: they cry incessantly.

  아기들은 정말 싫은 게 하나 있어. 계속 운다는 것이야.

  예시) There are only two kinds of fruits I like: pear and watermelon.

5. Of course, the squeaky clean atmosphere is THE most unnerving part of the dentist's.

★ 어휘/어구
- squeaky-clean 너무 반짝여서 걸을 때마다 신발이 밀리는 소리가 들릴 정도로 먼지 하나 없고 말끔하고 깨끗한

  비교) squeaky 삐걱, 끽끽거리는 소리가 나는

  예시) The squeaky clean windows are a big threat to birds.

  말끔한 창문이 새들에게는 큰 위협거리이다.

- unnerving 정황, 상황 때문에 불안하거나 불편함을 유발한다는 뜻

  예시) It is pretty unnerving to realize that someone was preparing for a major bombing in the Seoul subway.

- ~ part

  예시) I saw a great SF film over the weekend. The best part was when the buildings wend down.

6. The white gowns only add to the fear.

★ 어휘/어구
- add to 그렇지 않아도 어떤 상황인데 무엇 때문에 더더욱 심각해진다는 말

예시) Privatizing the national health insurance will only add to the pain of the poor.
국민건강보험을 민영화하면 빈곤층의 고통만 가중될 뿐이다.

7. I lay on the dental chair, and the dentist came and asked me a few questions, the answers I gave to which I could barely remember now.

★ 구문

- the answers I gave to which I could barely remember now
  ☞ which는 앞서 나온 questions. 다음 문장과 비교

  I could barely remember the answers I gave to the questions now.
  그 질문에 내가 한 대답을 나는 지금 거의 기억도 잘 못한다. 이 문장을 전체 문장 내에서 쓰기 좋은 모양으로 바꾼 것 뿐

  ☞ 그 질문에 대해 내가 지금은 잘 기억도 못하는, 내가 한 대답

  예시) He gave me a list of drugs whose names I could no longer recall.

8. I was that intimidated.

★ 어휘/어구

- intimidated 상황이나 말 때문에 겁을 집어먹은 상태

  예시) The intimidating atmosphere stopped me from asking any questions.
  너무 위압감이 드는 분위기 때문에 질문을 할 수가 없었다.

9. He gave me a few shots to numb my gums, went away for a couple of minutes, came back and started treating my rotten tooth.

★ 어휘/어구

- gave me a few shots 주사 몇 방을 놓다
- gum 잇몸 / numb my gums 잇몸 마취

10. It hurt. Really hurt.

★ 어휘/어구

- hurt 과거와 과거분사 모양이 같다는 점과, '자동사'라는 점에 유의. 즉, It was hurt이라고 쓰지 않는다는 것.

예시) Does it hurt?

11. I screamed, and the dentist seemed a bit surprised and said 'Well, let me give you another round.'

★ 어휘/어구

- round 한 차례. 여러 차례에 걸쳐 할 수 있는 일들에 씀 비교) a third round of talks

예시) Please give him a warm round of applause!
따뜻한 박수를 부탁 드립니다. (박수 한 판 쳐주죠)

12. The hurt was still there.

★ 구문

- the hurt was still there 아직도 아팠다. 아직도 통증이 가시지 않고 그 자리에 있었다.

예시) A couple of weeks have passed since the accident, but the bruise was still there.
사고 이후 2주가 지났는데도 멍이 가시지 않았다.

13. I was given a third and still could feel the pang from his drill.

★ 어휘/어구

- a third / a third round of shots를 줄여쓴 말
- pang 갑작스럽게 격렬하게 일어나는 신체, 정신적 고통

예시) I've worked for 18 hours straight. I suddenly felt pangs of hunger.

예시) The scene of him screaming in pain gave me a pang of conscience.
그 사람이 고통으로 소리치는걸 보니, 양심의 가책이 느껴졌다.

★ 구문

- I was given 의사선생님이 또 주사를 놨다는 말을 I로 바꾸어 씀. 우리 말과 차이에 유의

  비교) I was told to shut up. 비교) He told me to shut up.

  비교) I'm told I'm pretty. (공주병)

14. I had no choice then but to just endure the 20 or so minute long pain.

★ 어휘/어구

- had no choice but to 다른 수 없이 뭐 할 수 밖에 없었다.

  예시) I had no choice but to pay the bill.

- endure 끊이지 않고 지속적이라는 점이 초점

  예시) The United Nations family mourned the loss and celebrated the enduring legacy of Nelson Mandela, the former South African leader.

  유엔은, 전 남아프리카공화국 지도자 넬슨 만델라의 죽음을 애도하고, 오래도록 남을 그의 업적을 기렸다.

15. I got out, my muscles still stiff.

★ 구문

- I got out, my muscles still stiff. 아직도 근육이 경직된 채로 밖으로 나왔다.

  비교) I got out while my muscles were still stiff. 이 문장보다 더 간결하게 바꾸면, I got out with my muscles being still stiff. 이 문장에서 with와 being을 없애고 더욱 간결하게.

  예시) I fell on my knees, my nose still bleeding.

  코피를 흘리며 무릎을 꿇었다.

16. About three hours later, I had a class to teach.

★ 구문

- I had a class to teach. 비교) I had to teach a class.

전자는, 맡은 수업이 '있었다'에 초점. 후자는 '해야 했다'에 초점.

예시) I have an appointment to meet my professor.

17. What came out of my mouth was a simple non-sense.

★ 어휘/어구

- simple 완전, 그와 비슷한 것 정도가 아니라 그것 자체였다는 말

예시) Windows ME was a simple disaster.

18. The class seemed stunned at first, and a student or two started giggling in the back of the classroom.

★ 어휘/어구

- giggle 킬킬, 낄낄. 큰소리를 내진 않으나 재미있어서 몰래 소리 내어 웃는 웃음

비교) laugh, smile, chuckle

- a student or two 학생 한 두 명. a student or two students에서 뒤의 students를 뺀 형태

비교) a bottle or two

예시) May I borrow a pen or two?

펜 한 두 개만 빌릴 수 있을까요?

- in the back of the classroom 교실 뒤에

비교) in the middle of the road 도로 한 복판에 / by the end of the month 이달 말까지

on the side of the road 길가에 / in the back of the truck 트럭 뒤(짐칸)에

예시) Who would have thought a bunch of cops would have been hiding in the back of the flower truck?

꽃집 트럭 뒤에 경찰관들이 숨어있을 거라고 누가 생각이나 했겠어요?

19. Yes, I was drooling except that I didn't notice, or rather, didn't feel it.

★ 어휘/어구

- drool 침 흘리다 비교) drool over

    예시) I was standing there, drooling over the fancy sports car.

- except that (문장 중간에 써서) 단! 어땠다는거! 반전 느낌의 단서를 달 때.

    예시) Scientists discovered an alien planet exactly like earth except that it's covered in lava.

    과학자들은 거의 지구와 똑 같은 외계행성을 찾았다. 단, 용암으로 덮여있다는 거!

- notice 어? 하는 식으로 인식을 한다는 의미.

    예시) I was so deep in thought that I didn't notice him approaching.

    너무 골똘히 생각에 잠겨있어서 그 사람이 다가오는 것을 몰랐다.

- or rather 아니, 엄밀히 말하면. 아니, 그게 아니고. 말을 잘못 하거나, 좀더 정확히 정정하고자 할 때 쓰는 말. 이따금씩 의도를 더욱 강조하기 위해 일부러 쓰기도 함.

    예시) (새벽까지 같이 음주가무를 즐기고 헤어지면서) Good night! Ah rather, good morning!

20. The three rounds of dental anesthesia were only beginning to kick in.

★ 어휘/어구

- anesthesia 마취(의학용어)
- be only beginning to 이제 시작에 불과하다

    예시) You're only beginning to feel the real pain.

    진짜 고통은 이제 시작이야.

- kick in 약효나 법안, 개혁 등이 그 효과를 발휘하다.

    예시) I began taking Strattera. The ability to focus started to kick in around week 2.

    Strattera를 복용하기 시작했다. 집중력이 개선되는 효과가 발효되기 시작한 것은 2주째 쯤 부터였다.

21. I had to reach for the tissues the whole time during the class, and the class couldn't seem more amused to see me embarrassed.

★ 어휘/어구

- reach for 어느 쪽으로 손을 뻗다

　예시) I reached for the syrup. Nope. No syrup. I checked the refrigerator.

★ 구문

- couldn't seem more amused 더할 나위 없이 즐거워 보였다.

　예시) He couldn't seem more perplexed to see me in a red dress.

06.
ON THE SUBWAY

Korea has long prided itself in being the 'country of manners in the east'. Of course there are some peculiarities about being 'well-mannered' in Korea. Age, for instance, is an important part of that 'manners' culture here. Manners aside, just as 'political correctness' was all the rage in the western culture especially during the '90s, this country has grown more sophisticated in dealing with and referring to the less fortunate.

A particularly visible sign of this change, you can see on the subway. A typical Seoul subway car has six long chairs, each for 7 people, and 4 shorter ones, each for three people. These shorter ones are now 'reserved', as the sign above them calls it, for the "disabled, old, weak or pregnant". Sounds weird. Anyways, I've seen a similar sign in the UK that says 'Priority Seat: for people who are disabled, pregnant or less able to stand'. And I also remember reading the British have a 'Baby on board' badge for expectant moms. So basically the same ideas with slightly different expressions.

But there is a twist in this story. 'Age', as I said, is huge in Korea. We have a whole lot of references based on age. I often see people arguing over the 'reserved seats' on the subway. A man apparently in his 60s swearing at a slightly younger-looking man for 'occupying' one of those seats is a common sight. In fact, such unseemly wrangling sometimes leads to ugly fist fights. A pregnant woman in, say, the first trimester, may not look like someone with a baby on board, but in case she takes the seat, she is often frowned upon by some of those gray-haired 'seat warriors' nearby.

I say we end this nonsense and get rid of those signs that don't work. Older folks may say otherwise, but I believe that most of us young and sturdy enough to be standing on the subway are willing and able to give up seats for the 'less able-bodied' passengers with or without those signs.

1. Korea has long prided itself in being the 'country of manners in the east'.

   ★ 어휘/어구
   - to pride oneself in 어떤 점에 대해 스스로 자부심을 갖는다.
     비교) take pride in / 예시) He takes pride in his high TOEIC score.
     비교) be proud of
     예시) He prides himself in being the youngest self-made individual to purchase a BMW in his home town.
     그 사람은 지역에서 최연소로 자수성가해서 BMW를 샀다는 점에 대해 자부심을 갖고 있다.

2. Of course there are some peculiarities about being 'well-mannered' in Korea.

   ★ 어휘/어구
   - peculiarity 특정 사람, 사물, 기기 등에서만 발견되는 특이한 성격, 특징, 형질
     예시) The Korean language has some peculiarities that make it hard for native English speakers to learn it. 한국어는 특이한 점들이 있어서 영어 원어민들이 한국어 배우기가 어렵다.

3. Manners aside, just as 'political correctness' was all the rage in the western culture especially during the '90s, this country has grown more sophisticated in dealing with and referring to the less fortunate.

   ★ 어휘/어구
   - aside 앞에 명사와 함께. 그것은 차치하고라도, 그게 아니라도, 그건 빼고라도, 그걸 빼면
     예시) Financial woes aside, everything is going all right with the company.
     금전적인 문제들을 빼면, 그 회사 다 괜찮은 편이다.
   - political correctness 소수자에 대한 차별적 언사 등을 피해야 한다는 주의. 소수자/사회적 약자에 대한 배려
     예시) Calling those with physical disabilities 'handicapped' is generally considered

politically incorrect. 장애를 가진 사람들을 '불구자'라고 부르는 것은 일반적으로 바른 호칭이 아니다.

- all the rage 완전 유행이다. very popular and fashionable

    예시) Ugg boots are all the rage this season.

    영의정 신발이 이번 시즌 완전 대 유행이다.

- grow (형용사와 어울려) 점차 더욱 어떻게 되다.

    예시) I grew tired of his silly jokes.

    예시) As hours went by, the crowd grew restless.

    시간이 지나면서 그 사람들은 점차 초조해졌다.

- refer to 누구에 대한 호칭을 뭐라고 하다. 뭐라고 부르다. (as)

    예시) You can refer to him simply as Professor.

    그 분은 그냥 간단하게 '교수님'이라고 부르면 된다.

    예시) He is often referred to as the King of Cards.

- the less fortunate 운이 덜 있던 사람들. 사회적 약자나 장애인 등을 교양 있게 지칭하는 말

★ 구문

- just as

    예시) Just as my father took it over from his father, I took over the business from my father.

4. A particularly visible sign of this change, you can see on the subway.

★ 구문

- You can see a particularly visible sign of this change on the subway.

    비교) A particularly visible sign of this change, you can see on the subway.

    전자의 경우 [이런 변화를 특히 잘 보여주는 예를 지하철에서 찾아볼 수 있다.]

    후자의 경우 [이런 변화를 특히 잘 보여주는 예? 지하철에서 찾아볼 수 있죠.]

    말의 뉘앙스가 달라짐.

    예시) His real motives, I really don't know, but… (그 사람의 진짜 동기라면…. 나도 잘 몰라, 하지만…)

    비교) I really don't know his real motives, but… (나도 그 사람의 진짜 동기는 잘 모르지만,)

5. A typical Seoul subway car has six long chairs, each for 7 people, and 4 shorter ones, each for three people.

★ 구문

- A typical Seoul subway car has six long chairs

보통 서울 지하철은 칸마다 긴 의자가 6개 있다.

비교) There are 6 long chairs in a typical Seoul subway car.

의미가 다르진 않으나 느낌이 다름. there are 구문이 좀더 '무미건조'한 그림설명과 같은 느낌.

예시) It rained a lot in Seoul. 서울에 비가 많이 왔다.

비교) We've got a lot of rain in Seoul. / Seoul got a lot of rain.

6. These shorter ones are now 'reserved', as the sign above them calls it, for the "disabled, old, weak or pregnant".

★ 구문

- as the sign calls it 문구(표지판)에서 부르는 말대로,

비교) as he put it 그 사람이 사용한 말을 빌자면

예시) The equipment is, as the sign on it says, 'for the disabled only'.

그 장비는, 거기 붙어있는 문구를 그대로 인용하면, '장애인용'이다.

예시) As Mr. Han put it, alcohol is the source of all evil.

- reserved for the disabled, old, weak or pregnant 의미는 전달되나, 한국어를 그대로 직역하여, 많이 어색함.

7. Anyways, I've seen a similar sign in the UK that says 'Priority Seat: for people who are disabled, pregnant or less able to stand'.

★ 어휘/어구

- anyways / anyway가 더 표준어

★ 구문

- a sign that says ~ 뭐라고 써있는 표지판

  예시) The property had a sign at the front gate that says "No Trespassing".
  그 땅에는 정문에 '무단침입 금지'라고 써있는 표지판이 있다.

8. And I also remember reading the British have a 'Baby on board' badge for expectant moms.

★ 어휘/어구

- baby on board 아기가 타고 있어요. 배지로 달면, 엄마 몸 속에 아이가 타고 있어요.
  즉, '임신중' 이라는 말을 재치 있게 표현
- expectant (mother, father등과 어울려) 임신중인 여성, 아이 아빠가 될 사람

  예시) Our community has a new and expectant moms group.
  우리 동네에는 초보맘들과 임신한 여성들을 위한 단체가 있다.

9. So basically the same ideas with slightly different expressions.

★ 어휘/어구

- basically 사실상, 근본적으로, 이것 저것 다 따지지 않는다면 전반적으로

  예시) Are loose curls and waves basically the same thing?

10. But there is a twist in this story.

★ 어휘/어구

- twist 이야기나 상황이 예상하지 못한 곳으로 전개되도록 하는 요인/일

  예시) A missing girl was found. But there's a twist.

11. 'Age', as I said, is huge in Korea.

★ 어휘/어구

- huge 중요도, 인기 등이 매우 크다

12. We have a whole lot of references based on age.

★ 어휘/어구

- a whole lot of / a lot of 보다 더 큰 느낌

예시) He has a whole lot of friends, but only a few REAL friends.

- reference 호칭, 부르는 이름

13. I often see people arguing over the 'reserved seats' on the subway.

★ 구문

- see people / people are arguing 사람들을 본다. 그 사람들이 싸운다.

사람들이 서로 언쟁하는 것을 본다.

예시) I saw the man talking to a woman at the hospital.

14. A man apparently in his 60s swearing at a slightly younger-looking man for 'occupying' one of those seats is a common sight.

★ 어휘/어구

- apparent 눈에 보여서 명백한, 최소한 겉으로 보기에는 확실한 비교) obvious

예시) He was apparently embarrassed by her response.

그 사람, 딱 보니, 그 여자의 반응에 당황했어.

- swear (at과 어울려) 누구에게 욕설을 내뱉다

- a common sight 흔히 볼 수 있는 광경. 전체 구문에 더 신경을 써야 함.

  예시) Birds that were a common sight in Korea are taking flight, never to return.
  한 때 한국에서 흔히 볼 수 있었던 새들이 한국을 떠나 다시는 돌아오지 않고 있다.

  비교) a rare sight 흔치 않은 광경, 잘 일어나지 않는 일

  예시) Since the shelter has been up and running, homeless men in the subway have become a rare sight.
  노숙자 수용시설이 설치 운영되고부터 지하철에 있던 노숙자들은 이제 거의 사라졌다.

15. In fact, such unseemly wrangling sometimes leads to ugly fist fights.

★ 어휘/어구

- unseemly 인상이 찌푸려질 만큼 보기 안 좋은, 볼썽 사나운

  예시) The director was dismissed for unseemly behavior during business trips overseas.
  국장은 해외 출장 중 부적절한 행동 때문에 파면되었다.

- wrangling 말다툼, 언쟁 argument

  예시) They finally struck a bargain after weeks of wrangling over who would get what.

16. A pregnant woman in, say, the first trimester, may not look like someone with a baby on board, but in case she takes the seat, she is often frowned upon by some of those gray-haired 'seat warriors' nearby.

★ 어휘/어구

- say 말 중간에 써서, '가령', '예를 들어'의 의미로 사용.

  예시) If you have, say, two children, the cost of living will easily double.

- trimester 3분기 / 보통 임신기간인 9개월을 세 분기로 나누어 first, second, last(third) trimester로 구분할 때 쓰임 비교) semester

  예시) She was in her early third trimester when the water broke.
  임신 7개월 무렵 양수가 터졌다.

- in case 혹시 어떨 경우, 가정을 나타낼 때 쓰는 말 비교) in case of

    예시) In case you come early, get yourself something to drink from the refrigerator.

    예시) In case of a fire, run straight to the exit.

- frown upon (안 좋은 상황이나, 싫은 행동을 하는 사람에게) 인상을 찌푸리다

    예시) PDA(public display of affection) is not illegal, but it's frowned upon.

17. I say we end this nonsense and get rid of those signs that don't work.

★ 구문

- I say 문장 앞에 써서, 선언하듯 본인의 의견을 공표하고자 할 때 쓰는 말

    예시) I say we join hands and fight against the tyranny that's ruining this country.

    자, 이제 힘을 합쳐, 이 나라를 망치고 있는 독재에 항거하는 게 어떻습니까!

18. Older folks may say otherwise, but I believe that most of us young and sturdy enough to be standing on the subway are willing and able to give up seats for the 'less able-bodied' passengers with or without those signs.

★ 어휘/어구

- say otherwise 아니라고 말하다, 의견에 반대하다

    예시) Don't say you care when your actions clearly say otherwise.

    행동은 그렇게 안 하면서, 관심이 있다는 식으로 말하지 마.

- sturdy 견고하고 튼튼한, 사람이나 동물, 물건 등

    예시) A sturdy pair of boots will be enough to last me through the winter.

    짱짱한 부츠 한 켤레면 올 겨울 나는 데는 문제 없을 거야.

- willing and able 의지도 능력도 있다. 형용사구로 주로 쓰임

    예시) I am willing and able to help those in need.

    도움이 필요한 사람은 기꺼이 도울 수 있다.

- give up (내 것이나 내가 가지고 있는 것을) 내주다

　　예시) I won't give it up. 그건 절대로 포기하지 않을 거야. (주지 않겠어)

- with or without 뭐가 있건 없건

　　예시) I will set out on the trip to the Arctic with or without you.

　　당신이 같이 안가도 북극 여행은 떠날 거야.

07.
A CALL FROM A PRESIDENTIAL CANDIDATE

It was around the presidential election campaign last year. I was working in my office as usual when the phone rang. That was strange because the phone was practically non-existent. I didn't let anyone know this number. I just occasionally used it to make a call when I didn't have my cell around.

I picked up the phone and said 'Hello?' Then came this voice: Hello, good afternoon. This is Moon Jae-in, the presidential candidate. I couldn't believe it. THE candidate Moon called me in person? I said "Yes, Mr. Moon. How are you?" And he continued, 'As you know I'm running for president, and I'd very much like to have your support.' I answered still in awe, "Sure, Mr. Moon, I'm a big fan of you, and

I'm surprised that you…" He cut me off and said, "If you'd like to hear some of my agendas and pledges, press one. If you'd like to…." I hung up the phone right away.

Yes, it was a robocall. I know I should've known. But it was my first time. Anyways it didn't matter. I just needed to make sure nobody saw me talking to nobody. How funny I may have looked if anyone heard me talking to the darn call from a machine! Thank God no one noticed.

I got home that night and told my wife about what happened in the office. She laughed so hard that I got a bit upset, to be honest. The next day I got a call from my brother who works as an engineer. He said, 'Hey, this is a robocall. If you'd like to talk to your brother, press one.' That's right. My wife told everyone she knew about that call. I couldn't believe it. I became a laughing stock for everyone I know.

1. I was working in my office as usual when the phone rang.

★ 구문

- 무얼 하고 있었는데 when 무슨 일이 있었다.

  예시) I was looking in the mirror when someone knocked on the door.
  역례1) 누군가 문을 두드렸을 때, 난 거울을 보고 있었다.
  역례2) 거울을 보고 있었는데 누구 문을 두드렸다.
  후자의 번역이 더 나음. [고속도로를 달리다가 갑자기 심장마비가 왔다]를 영어로?
  I was driving on the highway when I had a heart attack.

2. That was strange because the phone was practically non-existent.

★ 어휘/어구

- non-existent 존재하지 않는, 그런 건 없다.

  예시) I was surprised to find that medicines were practically non-existent.
  비교) I was surprised to find that medicines practically didn't exist.
  전자의 경우 [be동사]를 이용한 '상태'묘사의 느낌. 그 상황이 어떠했다는 정황을 묘사하기에 더 적절.

3. I just occasionally used it to make a call when I didn't have my cell around.

★ 어휘/어구

- have something/someone around 주변에 무얼 갖고 있다. 주변에 어떤 사람이 있다.

  예시) Just imagine what it would be like when you have no one around to help you out.
  주변에 도와줄 사람이 아무도 없으면 어떨 지 상상해보세요.

4. Then came this voice

★ 구문

- then came this voice 그러자 이런 목소리가 들려왔다.

비교) this voice came then. / Then came으로 쓰면 이후 나오게 될 voice에 좀더 극적인 효과를 줌.

예시) Beside me in a chair were my newspaper and candy bar.
내 옆 의자에는 신문과 쵸코바가 있었다.

비교) My newspaper and candy bar were in a chair beside me.
신문하고 쵸코바가 내 옆 의자에 있었다.

5. THE candidate Moon called me in person?

★ 어휘/어구

- call me in person 직접 내게 전화를 걸다.

6. As you know I'm running for president, and I'd very much like to have your support.

★ 어휘/어구

- run for president 대선에 출마하다.

예시) I'm running for class president.
나 이번에 반장 선거에 나가.

7. I answered still in awe, "Sure, Mr. Moon, I'm a big fan of you, and I'm surprised that you…

★ 어휘/어구
- in awe 황송한 상태로. 너무 감격한 상태에서

  예시) I'm still in awe of Arnold the body builder.
  난 아직도 보디빌더 시절 아놀드를 너무 좋아해.(존경해)

★ 구문
- I'm a big fan of you. 팬이에요~

8. He cut me off and said, "If you'd like to hear some of my agendas and pledges, press one.

★ 어휘/어구
- cut me off 말하고 있는데 말을 끊다 / 맥락에 따라 연락을 끊다

9. I hung up the phone right away.

★ 어휘/어구
- hang up 전화를 끊다 비교) she hung up on me.

  예시) I tried to apologize, but she just hung up on me.
  사과하려고 했는데, 그냥 전화를 끊어 버리더라구.

10. Yes, it was a robocall.

★ 어휘/어구
- robocall 녹음된 음성으로 무작위로 하는 전화

예시) A robocall is a phone call that uses a computerized autodialer to deliver a pre-recorded message, as if from a robot, hence the name. (Source: Wikipedia)
로보콜이란, 자동 다이얼기를 이용해 미리 녹음된 메시지를 전하는 전화로, 마치 로봇으로부터 온 전화같다고 하여 로보콜이라는 이름을 붙인 것이다.

11. I just needed to make sure nobody saw me talking to nobody.

★ 어휘/어구

- make sure 반드시 어떻게 되게 하다. 용법을 익히는 것이 더 중요.
  예시) Please make sure to turn off your cell phone during take-off.
  이륙 중에는 반드시 핸드폰을 꺼주시기 바랍니다.
  예시) I just wanted to make sure that you were okay.
  그냥 니가 괜찮은지 확인하고 싶었던 거야.

12. How funny I may have looked if anyone heard me talking to the darn call from a machine!

★ 어휘/어구

- darn / damn보다 완곡한 표현

★ 구문

- how funny I may have looked! 내가 얼마나 웃겨 보였을까

13. I became a laughing stock for everyone I know.

★ 어휘/어구

- laughing stock 웃음거리, 조롱거리
  예시) He made yet another stupid joke and made himself a laughing stock.

08.
AMERICAN CRIMINALS

This is a work of fiction. Names, characters, places and incidents either are products of the author's imagination or are used fictitiously. Any resemblance to actual events or locales or persons, living or dead, is entirely coincidental.

K, a Chinese-born American who had come to South Korea a few years ago, was recently arrested by police on charges of aggravated assault and car theft in Seoul. He allegedly was seen by a Korean man in his early 20s while trying to break into a car in the middle of the night. They got into a fight, and K grabbed a broken baseball bat nearby and hit the Korean man in the head several times. It later turned out he had been driving a stolen car when he assaulted the man. He is expected to be formally indicted soon and stand trial afterwards. If convicted, he could face up to 5 years in prison.

K now says he was drunk and doesn't remember a thing about what happened that night, but the police suspect he is lying. Car theft and aggravated assault are serious felonies. What if the victim got killed? Then he could be charged with manslaughter, a criminal offence that could land him in prison for the rest of his life.

In a separate case, two men are now in custody in connection with a murder that occurred last Sunday. Both confessed to killing a man in a fit of rage. They say the victim had been repeatedly harassing one of the men's girlfriend despite repeated warnings not to do so. If they're found guilty of all the charges, they could be sentenced to life in prison.

These incidents involving Americans staying in Korea are negatively affecting Koreans' view of all the Americans living in Korea. A close look at the numbers will tell you that an absolute majority of United

States citizens visiting Korea are law-abiding, good-natured people who wouldn't kill a fly. When we're introduced to occasional reports of some American soldiers serving in Korea getting themselves involved in some nasty offences, we tend to just lump them all up and say bad things about them. That's not rational. They are not any more criminal than we are.

1. Names, characters, places and incidents either are products of the author's imagination or are used fictitiously.

   ★ 어휘/어구
   - products 산물, 결과물
     예시) True expertise is mainly the product of years of intense practice.
     진정한 전문성이란 수년에 걸친 강도 높은 훈련의 결과물이다.
   - fictitious 허구로 만들어낸, 사실이 아닌. 비교) fiction (허구, 소설)
     예시) The man used a fictitious resume to get the job.
     그 남자는 그 일자리를 얻으려고 날조한 이력서를 사용했다.

2. K, a Chinese-born American who had come to South Korea a few years ago, was recently arrested by police on charges of aggravated assault and car theft in Seoul.

   ★ 어휘/어구
   - Chinese-born 중국태생 (형용사) 비교) American-made 미국산
   - on charges of 혐의 표현
     예시) He was arrested on charges of robbery and homicide.
   - aggravated assault 가중폭행. 심각한 위해를 가할 목적으로 폭행하였거나, 위험한 도구를 이용해 폭행하였을 경우 발생하는 혐의
   - car theft 차량 절도

3. He allegedly was seen by a Korean man in his early 20s while trying to break into a car in the middle of the night.

   ★ 어휘/어구
   - allegedly (일부의) 주장에 따르면. 해당 문장에서 제시된 일이 아직 입증된 것이 아닌, 주장 단계라는 점을 강조. 비교) reportedly

예시) The truck allegedly hit the car in front.

예시) Wonder girls have reportedly decided to split up.
원더걸스가 해체하기로 했다고 한다.

- in the middle of the night 한 밤중에

4. They got into a fight, and K grabbed a broken baseball bat nearby and hit the Korean man in the head several times.

★ 어휘/어구

- get into a fight 싸우게 되다. 싸움이 붙다

★ 구문

- hit ~ in the head 머리를 때리다. 비교) hit his head

  예시) The police officer shot him in the head.

  비교) The police officer shot his head.

  전자는 그 사람에게 총을 쏴서 맞췄는데 그 부위가 머리였다는 느낌.

  후자는 그 사람의 머리를 쐈다는 말. 일반적으로 전자의 경우가 더 많이 쓰임.

5. He is expected to be formally indicted soon and stand trial afterwards.

★ 어휘/어구

- indict 기소하다 (검찰이 함) 비교) arrest 체포하다. 잡아들인다는 말로, 경찰이 함.

  예시) He was arrested on the spot and is expected to be indicted soon.

- stand trial 재판을 받다, 재판정에 서다

  예시) The man stood trial for murder of his brother.

- afterwards 그리고 나서. 그 이후에. (보통 문장 앞에다 쓰거나 동사구 뒤에 씀)

  예시) He went to the library. Afterwards, he went out for a walk in the park.

6. If convicted, he could face up to 5 years in prison.

★ 어휘/어구

- convict 유죄판결을 내리다 비교) 명사로 유죄판결을 받은 적이 있는 사람, 전과자(ex-convict)

  예시) He was convicted of murder.

- up to 최대, 많게는

  예시) The cable car can hold up to 20 people.

★ 구문

- if convicted / if he is convicted의 모양이나, 뒤에 he가 또 나오므로 생략

  예시) If found guilty, he could be sentenced to life in prison.

  유죄판결을 받으면, 종신형을 받을 수도 있다.

- 5 years in prison 5년형. face나 be sentenced to와 함께 주로 쓰임.

7. K now says he was drunk and doesn't remember a thing about what happened that night, but the police suspect he is lying.

★ 어휘/어구

- a thing 보통 부정어구와 같이 쓰여 '하나도 모른다, 하나도 기억 안 난다' 등의 말을 하고자 할 때.

  예시) I don't know a thing about fishing, but you could help me try.

- suspect 아마 그럴 것이라고 생각하다. 비교) doubt 아마 아닐 것이라고 생각하다

  예시) I suspect that he did it. 아마 걔가 한 것 같아.

  예시) I doubt that he did it. 아마 걔가 안 한 것 같아.

8. Car theft and aggravated assault are serious felonies.

★ 어휘/어구

- felony 중범죄. 비교) misdemeanor 경범죄

예시) Relieving yourself in public is a disorderly behavior, and more importantly, it's a misdemeanor.

9. Then he could be charged with manslaughter, a criminal offence that could land him in prison for the rest of his life.

★ 어휘/어구
- be charged with 기소되다, 공식적으로 특정 혐의에 대한 유무죄 여부를 묻게 되다
- manslaughter 고의적이 아닌 살인 비교) involuntary manslaughter / accidental homicide 과실치사
  * first degree murder (premeditated murder) 1급 살인. 죽이려고 죽였다는 뜻.
  * second degree murder 2급 살인. 살인이나 살인의 의도가 있었다고 보기 어렵고, 정상참작이 가능한 살인 혐의
- criminal offence 형사상 범죄 a violation of a law in which there is injury to the public or a member of the public and a term in jail or prison, and/or a fine as possible penalties. (대중 혹은 일반대중 가운데 한 사람에게 위해가 가해진 법 위반행위. 형량은 구치소나 교도소에 수감되거나 벌금형 혹은 둘 나.
- for the rest of his life (남은) 평생
  예시) I promise you won't have to go to work again for the rest of your life if you marry me.

10. In a separate case, two men are now in custody in connection with a murder that occurred last Sunday.

★ 어휘/어구
- in a separate case 별도의 사건(사례)임을 밝히고자 문두에 쓰는 말.
- in custody 신병을 확보한 상태. 잡혀있다는 말.
  예시) There was no trial, no indictment, and the CIA put him in custody. 재판도, 공식기소도 없었는데 CIA는 그를 가둬버렸다.

11. Both confessed to killing a man in a fit of rage.

★ 어휘/어구

- confess to 무엇을 했다고 인정하다(털어놓다, 자백하다)

    예시) When I saw the girl who he confessed to cheating on me with, I grabbed her by the hair and pushed her against the wall.

    남친이 바람 피웠다고 자백한 여자를 보고, 머리채를 잡아 벽으로 밀어버렸다.

- in a fit of rage 홧김에, 욱해서

    예시) She quit the job in a fit of rage after she was harassed by her boss.

12. If they're found guilty of all the charges, they could be sentenced to life in prison.

★ 어휘/어구

- found guilty of 어떤 혐의에 대해 유죄판결을 받다 비교) found not guilty of

    예시) She was found not guilty of all her charges and set free.

    예시) We find him guilty of two counts of murder.

    (배심원단의 말) 피고는 두 건의 살인에 대해 유죄입니다.

- be sentenced to life in prison 종신형을 선고받다.

    비교) life imprisonment (without possibility of parole)

13. A close look at the numbers will tell you that an absolute majority of United States citizens visiting Korea are law-abiding, good-natured people who wouldn't kill a fly.

★ 어휘/어구

- law-abiding 법을 잘 지키는 (착한)

    예시) How does enforcing background checks on law abiding citizens prevent gun violence when there are people who steal them?

예시) 총기 관련 폭력사태를 막기 위해 법 잘 지키는 시민들에 대해 신분조회를 해봐야, 총을 훔치는 사람들이 있는데 무슨 소용입니까?

- wouldn't kill a fly 파리 한 마리 죽이지 못 할 사람이다. 살인을 저지를 만큼 못된 사람이 아니다

예시) I am a really nice girl and I'm really sweet and innocent & wouldn't kill a fly yet I'm always attracted to the complete opposite of what I am, jerks.

★ 구문

- a close look at ~ will tell you 자세히 들여다 보면 어떤 사실을 알 수 있다.

예시) A close look at the data will tell you that Koreans are not any more xenophobic than Americans.

비교) If you look at the data, you will know that ~

14. When we're introduced to occasional reports of some American soldiers serving in Korea getting themselves involved in some nasty offences, we tend to just lump them all up and say bad things about them.

★ 어휘/어구

- we're introduced to (비유적으로) 어떤 생소한 이야기/보도/사건/단어 등을 듣게 되다

예시) I was simply shocked when I was first introduced to the word '엄카찬스'.

- lump up 모두 하나로 묶다. (본문에서는) 싸잡아서

* lump는 명사로 하나로 뭉쳐진 '덩어리'라는 의미. 비교) lump-sum payment

예시) You can't just lump them up and call them lazy sleepy heads.

★ 구문

- get themselves involved in 어쩌다가 어떤 일에 연루가 되다

비교) get oneself killed.

예시) Hey, you could get yourself killed. 너 그러다가 죽을 수도 있어.

15. That's not rational. They are not any more criminal than we are.

★ 어휘/어구

- rational 이성/합리적

★ 구문

- they're not any more ~ than we are 그 사람들은 우리보다 더 ~하진 않다.

예시) He is not any more violent than you are.

09.
NORTH KOREA AND NUCLEAR WEAPONS

This is the only country technically still at war. The armistice agreement put an end to the Korean War in 1953, but we're still living under the constant security threats posed by the North.

The main theme that never goes missing in discussions about the Korean peninsula is, of course, the nukes. The famine-stricken North believes that nuclear weapons are their only leverage powerful enough to get the world to pay attention. Kim Jeong-un, the new leader, is seen by many as even worse than his late dictator father Kim Jeong-il. The six-party talks have so far failed to bring any meaningful results.

In effect, there's not much we can do to deter the North from hanging on to those nuclear weapons. The communist state to the north has been called by different names at different times. When more than 2 million of their residents perished during the great famine a few decades ago, it was often called the 'international pariah'. When they conducted their first nuclear bomb test, they were the 'rogue state'. In every respect, North Korea is a poster child for a failed state.

Just because there's not much we can do doesn't mean we should just stand by and do nothing. We must continue talking to the North while hoping for a change of heart from their side. After all, the impoverished nation knows all too well that they'll not be able to survive another decade without outside help.

1. This is the only country technically still at war.

★ 어휘/어구

- technically 엄밀히 따지면, 규정, 법 등을 일일이 정확하게 적용하면

  예시) He was still technically a minor when he did that.

- at war 전쟁 중 비교) at peace

2. The armistice agreement put an end to the Korean War in 1953, but we're still living under the constant security threats posed by the North.

★ 어휘/어구

- armistice 전쟁을 잠정 중단하기로 한 전쟁 당사자들끼리의 합의. 휴전 비교) ceasefire

  예시) The Armistice put a formal end to the hostilities, but an actual peace treaty still needed to be drawn up and signed.

  휴전협정으로 적대관계는 공식적으로 종료되었지만, 아직 실질적인 평화협정을 마련해 조인해야 한다.

- put an end to 끝내다, 종지부를 찍다. end 보다 좀더 formal

  예시) The English King Edward III signed a law to put an end to the popular, but violent game.

- pose 위협, 문제, 위험 등을 생산해 누군가에게 가하다. danger, threat, risk, challenge등과 함께 쓰임.

  예시) Wild animals are posing a danger to drivers along the I-95.

  야생동물 때문에 95번 주간고속도로를 다니는 운전자들에 위험해지곤 한다.

3. The main theme that never goes missing in discussions about the Korean peninsula is, of course, the nukes.

★ 어휘/어구

- go missing 실종되다. 사라지다. 무슨 얘기 하면 절대 안 빠지고 나오는 주제 등이 있다고 할 때 유용하게 쓰임

    예시) 'Fishing' never goes missing when he talks about learning English.

- nuke 핵무기 nuclear weapon

4. The famine-stricken North believes that nuclear weapons are their only leverage powerful enough to get the world to pay attention.

★ 어휘/어구

- famine-stricken 기아에 허덕이는, 기아로 고생하는. stricken 질병이나 고통, 문제로 크게 고전하고 있는 비교) poverty-stricken, war-stricken, grief-stricken, panic-stricken 등

    예시) The poverty-stricken South has been experiencing a pick-up in business in recent months.

- leverage 지렛대의 힘, 영향력, 영향력을 행사할 수 있는 도구, 협상카드

    예시) I can show that bundle pricing serves as a powerful leverage device.
    제품을 여러 개 묶어 가격을 책정해 판매하는 것이 큰 무기가 될 수 있다는 것을 증명해 보일 수 있습니다.

- get 사람, 사물로 하여금 어떻게 하도록 만든다, 시킨다

    예시) I'm sure this will get him to talk.

5. Kim Jeong-un, the new leader, is seen by many as even worse than his late dictator father Kim Jeong-il.

★ 어휘/어구

- seen by many as 많은 사람들이 무엇/누군가를 어떻다고 생각한다.

    예시) The Samsung Galaxy Note series is seen by as the best on the market.

- late 사람 앞에 써서 '고인이 된'의 의미로 비교) 故 김대중 전 대통령

6. The six-party talks have so far failed to bring any meaningful results.

★ 어휘/어구
- six-party talks 6자 회담 six-way talks라고도 함. 남북한, 미국, 러시아, 중국, 일본이 회담 당사자

7. In effect, there's not much we can do to deter the North from hanging on to those nuclear weapons.

★ 어휘/어구
- deter 겁을 주거나 어떤 행동을 취해서 무엇을 할 마음이 안 들게 하거나 단념시킨다는 말 비교) deterrence

  예시) Undeterred by the failure, she continue to study to win admission to the GSIT.
  실패에 굴하지 않고 통번역대학원 진학을 위해 공부했다.

- hang on to 끝까지 잡고 매달리다. 절대 놓지 않다
  예시) He hung on to the branch with all his strength and tried to lift his feet above the water.
  있는 힘껏 나뭇가지를 잡고, 발을 물 위로 올렸다.

- in effect 사실상 in essence, in actuality
  예시) He was, in effect, dead at that time.

★ 구문
- there's not much ~ can do to 뭘 하기 위해 할 수 있는 일이 별로 없다.
  예시) There's nothing I can do to pay off the debt.
  예시) There's little you could do to get her back.

8. The communist state to the north has been called by different names at different times.

★ 어휘/어구

- called by names 어떤 이름으로 불리다

  예시) Hurricane-like storms are called by different names in the different regions of the world.

  허리케인과 같은 폭풍우는 지역에 따라 다른 이름으로 불린다.

- to the north 북쪽에 있는, 북쪽으로 놓여 있는

  예시) My hometown of 의정부 lies to the north of Seoul.

9. When more than 2 million of their residents perished during the great famine a few decades ago, it was often called the 'international pariah'.

★ 어휘/어구

- perish 완전히 사라지다, (비유적으로) 죽어 없어지다

  예시) A whole family perished in the fire.

- famine 큰 규모의 기아(현상) 비교) hunger 배고픔

  예시) The Bill and Melina Gates Foundation has raised $40 million to help relieve famine in Africa.

- pariah 사회적으로 버림받고 따돌림 받은 사람, 부랑아

10. When they conducted their first nuclear bomb test, they were the 'rogue state'.

★ 어휘/어구

- rogue (극악무도한 범죄자가 아닌) 악당, 동네깡패, 건달.

  예시) "The U.S. is a rogue state that doesn't pay attention to international law", said Noam Chomsky in 2013.

11. In every respect, North Korea is a poster child for a failed state.

★ 어휘/어구

- respect 측면, 특정 국면, 특징, 점.

  예시) Hyatt Dublin is an excellent hotel in all respects.

- poster child 포스터에 나오는 아이 - 어떤 문제점을 보여주는 대표적인 사례

  예시) Cyrus is a poster child for the criminally insane.

12. Just because there's not much we can do doesn't mean we should just stand by and do nothing.

★ 구문

- just because ~ doesn't (necessarily) mean 단지 어떻다고 해서 꼭 어떤 것은 아니다

  예시) Just because you got a good score on TOEIC doesn't necessarily mean you're good at English.

13. We must continue talking to the North while hoping for a change of heart from their side.

★ 어휘/어구

- a change of heart 변심, 마음이 바뀌는 것, 개종, 회심

  예시) A change of heart is the last thing you could expect from him. He will never join our club.

  예시) 걔는 절대 마음을 바꾸지 않을 거야. 우리 동아리에는 절대 가입하지 않아.

14. After all, the impoverished nation knows all too well that they'll not be able to survive another decade without outside help.

★ 어휘/어구

- impoverished / very poor; hard up; destitute

    예시) The Peace Corps is an agency of the United States government that sends volunteers to improve living standards in impoverished areas of the world.

    평화 사절단은 미국 정부기구로서, 자원자를 보내, 전 세계의 극빈지역에서 삶의 질을 개선하도록 돕는 단체이다.

- all too 일부 형용사와 어울려 의미의 강도를 높일 때 쓰는 말.

    예시) all too familiar, all too soon, all too predictable

    예시) His response to your offer was all too predictable.

10.
APPLYING MAKE-UP ON THE SUBWAY

Times are changing so fast that you sometimes find it hard to keep up with the times. Sometimes I'm bewildered by all those strange abbreviations or acronyms that have come into use among those in their early 20s. When I encounter those words, I am bewildered, not upset. But when I see people doing what I think is an affront to "human civility" - read manners - I get upset, mad even.

What's even more disturbing is the values that I thought are shared by most of us are also undergoing dramatic changes. Behaviors long viewed as obnoxious are oftentimes tolerated by younger generations. One of those things, I guess, is putting on makeup on the subway.

I often see women applying makeup on the subway. And I'm not talking about a dab of lipstick. These people whip out a complete set of foundation, eyeliners, mascara and other things whose names I don't even know. I get upset seeing them. Some women would tell me to mind my own business so they will mind theirs, that is, put on makeup or whatever. When confronted, I find myself trying to come up with some proper reasoning. The makeup particles could fly everywhere making their way into people's lungs. Or some people hate the odor from those things. But deep inside, I kind of know that's not 'proper reasoning'. After all, you can't get mad at people who had put on too much perfume.

I have now come to realize that what annoys me and many others about seeing a woman putting on makeup on the subway is a 'public display of private behavior'. There are things that you're supposed to do in private. You don't brush your teeth or shave on the subway because people expect you to do those things at home or at least in places where everyone else is doing those things.

You can also talk of the 'mystique of beauty'. Applying makeup in public destroys that, you could say. Well, I don't know because that's our problem not theirs. But let's think of it this way. Putting on makeup is an attempt to look better in public. Still, if you put on make-up in public, who are you hiding your real face from? Is it not to look better in public that you wear makeup for? Makeup is for your own contentment? Then why bother putting it on in public in the first place?

Well, I see there's no point in arguing. Some people find no problem with PDA - public display of affection. While I get upset at those people on the subway, I know I have to conform to those changing attitudes in the end. People change. So I tell myself to just let them do that and look away.

1. Times are changing so fast that you sometimes find it hard to keep up with the times.

★ 어휘/어구

- keep up with the times 변화하는 시대에 뒤쳐지지 않게 따라가다

    예시) The fact remains that Microsoft has been trying really hard to keep up with the times, by working to emulate Sony's Playstation series with its X-box series.

★ 구문

- so fast that 너무 빨라서 어떻다. so와 that 사이가 멀어 이것이 그 말인지 놓치는 경우가 많으므로 특히 유의. so는 정도를 나타내는 말이기도 하지만 십중팔구 뒤에 that과 함께 어울림.

    예시) He was so mad at her (that) he hung up on her.

    너무 화나서 전화를 끊어버렸다.

2. Sometimes I'm bewildered by all those strange abbreviations or acronyms that have come into use among those in their early 20s.

★ 어휘/어구

- bewildered 당황해서 어쩔 줄 몰라 하는 모양. 주로 이 모양으로 쓰여 '형용사'로 쓰이는 경우가 많음.

    예시) He was bewildered by the huge array of mobile phones to choose from.

    핸드폰을 사려고 갔는데 종류가 너무 많아 당황했다.

- abbreviation 단어의 축약형태 saint ☞ St. Maine (미국 주 이름) ☞ Me.
- acronym 두문자어, 앞 글자만 따서 만든 말. the Food and Drug Administration ☞ the FDA
- come into use 사용되게 되다. 쓰이게 되다

    예시) New electric appliances have come into use so fast in most homes that they have outrun the number of outlets, particularly in older homes.

    대부분의 집에서는 새로운 전자기기가 너무 많이, 빨리 사용되다 보니, 오래된 집에서는 전기코드를 꽂을 콘센트보다 전자기기가 더 많아지게 되었다.

3. When I encounter those words, I am bewildered, not upset.

★ 어휘/어구

- encounter 새롭거나 달갑지 않은 것을 마주하게 된다는 말

  예시) How did Columbus react to the native people he encountered?

4. But when I see people doing what I think is an affront to "human civility" ? read manners ? I get upset, mad even.

★ 어휘/어구

- affront 모욕, (마음의) 상처, 혹은 그런 것들을 주는 행위 to와 어울림

  예시) Please go to bed and get up early, son. Your lifestyle is an affront to God.
- civility 예의, 우아함, 예의

  예시) You need to act with civility and respect towards each other.
- read ~라고 읽어라. 뭐라고 썼지만 뭐로 읽으면 된다. 사용법에 유의
- mad even 앞서 어떤 말을 하고, 심지어는 어떻기까지 하다는 말을 할 때

  예시) It's nonsense, ludicrous even, to try to learn a foreign language by memorizing some grammatical rules only.

  외국어를 배우는데 문법규칙만 외워서 하려고 하는 것은 말도 안 된다. 아니 심지어는 어불성설이다.

★ 구문

- what I think is 내 생각으로는 어떤 것이라는 의도를 표현. 구문상 이것이 없어도 문장이 성립됨

  예시) He got mad at what I believe was just a joke.

  그 사람은 내가 보기에는 그냥 농담인데 그것 때문에 화를 냈다.

5. What's even more disturbing is the values that I thought are shared by most of us are also undergoing dramatic changes.

   ★ 어휘/어구
   - undergo 특히 안 좋은 일 등을 겪다. 사람 뿐이 아니라 사회나 국가 등을 주어로도 많이 씀
     예시) This planet is undergoing dramatic changes, unprecedented for millions of years.

   ★ 구문
   - I thought 중간에 들어간 것 뿐
     예시) He is working on something that I think is not worth the effort.
     그 사람은 내가 보기에는 그렇게 노력할 만 한 가치가 없는 것을 하고 있어.

6. Behaviors long viewed as obnoxious are oftentimes tolerated by younger generations.

   ★ 어휘/어구
   - obnoxious 볼썽사납거나 밉상인 (행동)
     예시) There are several factors that might contribute to rude and obnoxious behavior in your teens.
   - tolerate 보고도 뭐라고 안 하는 것. 그냥 넘어가 주는 것
     예시) I won't tolerate this any longer.
     더 이상 그냥 보고만 있지는 않을 거야

7. One of those things, I guess, is putting on makeup on the subway.

   ★ 어휘/어구
   - put on (wear, apply) makeup 화장하다 비교) put on glasses, put on pants, put on gloves, put on a smile, etc.

8. And I'm not talking about a dab of lipstick.

★ 어휘/어구

- dab 살짝, 톡 혹은 살짝 문질러 바르는 것. 동사로도 자주 쓰임

예시) He dabbed the paint onto the wall.

9. These people whip out a complete set of foundation, eyeliners, mascara and other things whose names I don't even know.

★ 어휘/어구

- whip out 서둘러, 급히 '휙' 하고 꺼내다

예시) She whipped out a pencil and signed the contract.

10. Some women would tell me to mind my own business so they will mind theirs, that is, put on makeup or whatever.

★ 어휘/어구

- Mind your business so I'll mind mine.
  너나 잘하세요.

11. When confronted, I find myself trying to come up with some proper reasoning.

★ 어휘/어구

- I find myself trying 어느새 이러고 있다

예시) He said he often finds himself half-seriously contemplating suicide.

- reasoning 사실 등을 기초로 해서 결론을 도출하는 것. 합리적 이유, 판단

예시) His reasoning is seriously flawed because he does not mention how many employees brought lunch boxes and ate in the office.
그 사람의 판단(추론)은 심각한 오류를 갖고 있다. 회사에 점심을 싸와서 먹는 직원이 얼마나 되는지 언급하지 않고 있기 때문이다.

12. The makeup particles could fly everywhere making their way into people's lungs.

★ 어휘/어구

- particle 아주 작은 입자, 조각, 먼저

  예시) The dust particles can cause serious pulmonary diseases.
- make ones way to(into) 어찌어찌 해서 어디까지 가다

  예시) I have no idea how these pins have made their way into my pockets.

13. After all, you can't get mad at people who had put on too much perfume.

★ 어휘/어구

- get mad (at) 어떤 사람이나 상황에 화를 내다
- put on perfume / 비교) put on makeup

14. There are things that you're supposed to do in private.

★ 구문

- there are things that 구문

  · You're supposed to do some things in private. 과 비교.

  어떤 것들은 사적인 공간에서 해야 해

  There are things that you're supposed to do in private.

  사적인 공간에서 해야 하는 게 있는 법이다.

예시) He is someone who would never cheat on his wife.

비교) He would never cheat on his wife.

15. You can also talk of the 'mystique of beauty'.

★ 어휘/어구

- mystique 신비감, 종종 '매력'의 느낌과 함께 쓰임

예시) People rush to Paris, drawn by the mystique of the city of love.

사람들은 '사랑의 도시' 파리의 신비감에 끌려 파리로 간다.

16. Well, I don't know because that's our problem not theirs.

★ 구문

- 소유대명사의 사용. 한국어와 큰 차이 중 하나

예시) That's your problem, not mine.

그건 내 문제가 아니라 니 문제지.

예시) You scratch my back, and I'll scratch yours.

니가 내 등을 긁어주면 나도 니 등을 긁어주지 ☞ 니가 도와주면 나도 널 도와주지

17. But let's think of it this way.

★ 구문

- think of it this way 이렇게 생각해보자

비교) Let me put it this way / 그걸 이런 식으로 표현할 수도 있어.

18. Still, if you put on make-up in public, who are you hiding your real face from?

★ 구문
- who are you hiding your real face from? 특히 from 위치에 유의

    비교) From whom are you hiding your real face from? (△)
    예시) What are you doing this for?
    너 이거, 무엇을 위해 하고 있니? ☞ 너 이거 왜 하고 있니?

19. Makeup is for your own contentment?

★ 어휘/어구
- contentment 자기만족, 만족감, satisfaction

    예시) You have to assume responsibility for your own contentment.
    스스로의 만족을 위한 책임은 스스로에게 있는 것이다.

20. Then why bother putting it on in public in the first place?

★ 어휘/어구
- why bother 왜 굳이 그렇게까지 하나

    예시) When you have a wonderful teacher right here, why bother trying to look for others?

21. Well, I see there's no point in arguing.

★ 구문
- there's no point in arguing 말해봐야 소용 없다. 이러쿵 저러쿵 주장해봐야 별 의미가 없다.

    예시) If there is no life after death, there is no point in behaving morally.

22. Some people find no problem with PDA ? public display of affection.

★ 어휘/어구

- find no problem with 어떤 것이 전혀 문제가 없다고 생각한다

    예시) He finds no problem with calling African-Americans blacks and doesn't see why they would be mad.

    그 사람은 아프리카계 미국인을 '흑인'이라고 부르는 것이 잘못됐다고 생각하지 않고, 왜 그 용어에 사람들이 화를 내는지 모르겠다고 한다.

- PDA (public display of affection) 공개적인 애정표현

23. While I get upset at those people on the subway, I know I have to conform to those changing attitudes in the end.

★ 어휘/어구

- conform to 습관이나 규정, 법 등에 그대로 순응하고 따르다

    예시) A recent news report said that children who don't conform to gender roles may be risking abuse.

    최근 뉴스 보도에 따르면, 특정 성역할을 따르지 않는 아이들이 괴롭힘을 당할 확률이 높다고 한다.

11.
GOOD ECONOMY, BAD ECONOMY

The Great Recession of 2008 brought the world economy to a standstill. The housing bubble that had been brewing for a long time in the United States burst and brought down the American economy, sending shockwaves throughout the world.

When the biggest economy on earth sneezes, the rest of the world gets a cold. As housing prices plummeted, the number of foreclosure cases soared, which in turn ate into the purchasing power of the middle class. The dollar began to lose ground, and that meant the Korean won got stronger against the dollar, which by the way is generally bad news for the Korean economy.

With virtually no natural resources buried underground, Korea has pursued an export-driven growth of the economy. When America and the rest of the world buy less of our goods, the damage is especially greater for us. When the dollar becomes cheap, that is, the won appreciates, the same dollar buys less won. Because exporting companies get paid in dollars, that means the exporters get less for the same goods. When companies suffer, its employees suffer in the form of smaller paychecks and loss of jobs. With less money to spend, the people in general don't spend, which adds to the suffering of corporations. The vicious cycle continues.

Enter the government. The government has two kinds of weapons in its arsenal: monetary and fiscal. It loosens its monetary policies meaning it prints more money and/or cuts interest rates pumping more cash into the system. Fiscal policies have to do with the government budget. The government comes up with public works projects to temporarily hire people so that they have some extra cash to spend or cuts taxes trying to help with those cash-strapped companies and individuals. Just as the body suffers when the blood flow slows down or gets stopped, the economy gets sick when money doesn't circulate. It's the government's job to deal with the credit crunch.

But the economy, just like the body, isn't so simple. For all the government efforts to turn things around, the economy and the world's economy for that matter, shows no sign of improvement. That partly explains why we don't seem to be getting ahead.

1. The Great Recession of 2008 brought the world economy to a standstill.

   ★ 어휘/어구
   - the Great Recession 2008년 미국발 경기침체를 1930년대 the Great Depression에 빗대어 부르는 말
   - bring ~ to a standstill 무엇을 갑자기 멈추게 하다. 비교) come to a standstill / stop / halt
     예시) As the strike began, the production line came to a standstill.
     파업이 시작되면서 생산라인이 멈춰버렸다.

2. The housing bubble that had been brewing for a long time in the United States burst and brought down the American economy, sending shockwaves throughout the world.

   ★ 어휘/어구
   - housing bubble 주택(가격/시장)거품.
   - brew 양조할 때, 발효되면서 부글부글 끓어오른다는 의미에서, 논란, 문제 등이 차차 생겨나는 과정을 묘사
     예시) There is a brewing controversy between the ruling and opposition camps over the national pension plan.
     국민연금 문제를 두고, 여야 사이에 논란이 증폭되고 있다.
   - send shockwaves through(out) '충격파'를 던지다. 어떤 사건/일 때문에 다른 곳에까지 그 여파가 미친다는 의미
     예시) The general strike by the labor union of the Seoul Subway Corporation is sending shockwaves throughout the capital city.

3. When the biggest economy on earth sneezes, the rest of the world gets a cold.

★ 구문

- When somebody sneezes, the rest of the ~ gets/catches a cold.

  영향력이 강한 누군가에게 문제가 생기면 다른 모든 사람들에게는 더 큰 문제가 생긴다는 의미로 자주 쓰이는 구문

  예시) When the U.S. sneezes, the world catches a cold.

4. As housing prices plummeted, the number of foreclosure cases soared, which in turn ate into the purchasing power of the middle class.

★ 어휘/어구

- plummet 곤두박질 치다, 크게 갑자기 떨어지다

  예시) The Obama administration is worried that the president's approval rating could continue to plummet.

- foreclosure 차압, 압류, 담보권 행사. 2008년 미국 주택시장 위기 당시 많은 집들이 집값이 떨어지면서 은행이나 기타 담보권자에 의해 압류하면서 신문, 매체 등에 특히 많이 등장한 단어

  예시) The highest foreclosure rates are primarily in cities where the proceedings don't move through the courts.

  주택차압률이 가장 높은 도시들은 보통 차압절차가 법원을 통해 이루어지지 않는 곳들이다.

- eat into 야금야금 갉아먹어 들어가다. 어떤 사건이나 행위가 자원, 돈, 힘을 차차 소진하게 만든다고 할 때 쓰는 말

  예시) Smart phones may be eating into the DSLR camera's market share.

  스마트폰 때문에 DSLR 카메라의 시장점유율이 낮아지고 있는 것일 수도 있다.

  스마트폰이 DSLR 카메라의 시장점유율을 조금씩 빼앗아 가고 있는 것일 수도 있다.

- purchasing power 구매력

★ 구문

- ~ which in turn 동사 / A는 B를, 그리고 B는 C를 유발 혹은 C로 이어지게 될 때, B와 C 사이를 연결하는 구문으로 유용

예시) The down economy is forcing the auto industry to go for ruthless cost-cutting, which in turn, is a boon to consumers.
경제가 좋지 않다 보니, 자동차 업계는 어쩔 수 없이 강도 높은 비용절감 노력을 하고 있고, 이것은 결국 소비자들에게는 호재이다.

5. The dollar began to lose ground, and that meant the Korean won got stronger against the dollar, which by the way is generally bad news for the Korean economy.

★ 어휘/어구

- lose ground 설 자리를 점차 잃게 되다. (비유적으로) 점차 불리하고 안좋은 상황이 된다.
  예시) Why is Apple losing ground to the Samsung brand?
- the Korean won got stronger against the dollar
  원화가 달러 대비 강해졌다. 즉, 원화의 가치가 달러와 비교해 더 올라갔다. 원화의 평가절상. 혹은 원-달러 환율 하락. 가치가 높아지면 환율은 떨어진다. 1달러에 1,000원 하던 것이 원화의 가치가 높아지면 1,000원 이하로 떨어진다는 말. 즉, 전에는 1달러를 주면 1,000원을 받았는데 이젠 원화가 비싸지면서(가치가 올라가면서) 가령 950원 밖에 받지 못하게 된다는 말.

6. With virtually no natural resources buried underground, Korea has pursued an export-driven growth of the economy.

★ 어휘/어구

- export-driven growth of the economy 수출중심의 경제성장

★ 구문

- with 구문.
  예시) With only a few hundred dollars in the pocket, I set out on a one month trip to Jeju island.
  주머니에 몇 백 달러만 가지고, 나는 한 달짜리 제주도 여행을 떠났다.

7. When the dollar becomes cheap, that is, the won appreciates, the same dollar buys less won.

★ 어휘/어구

- appreciate 가치가 오르다, 평가절상 되다. (환율이 떨어지다)

8. Because exporting companies get paid in dollars, that means the exporters get less for the same goods.

★ 어휘/어구

- get paid in dollars 달러로 지불받는다 비교) get paid in cash

예시) The whole time he was there he got paid in cash, and was never given a check.
그 사람이 거기서 일할 때는 현금으로만 급료를 받았고, 수표로 받은 적이 없다.

9. When companies suffer, its employees suffer in the form of smaller paychecks and loss of jobs.

★ 어휘/어구

- paycheck 급료, 혹은 급료로 받는 수표 비교) pay packet 급료봉투

10. The vicious cycle continues.

★ 어휘/어구

- vicious cycle 혹은 vicious circle 악순환 비교) virtuous cycle(circle) 선순환

예시) Overworking makes you exhausted, making it hard to get jobs done on time. Then you have to overwork. And the vicious cycle begins.

11. Enter the government.

★ 어휘/어구

- Enter the government. 정부 등장. 희곡의 지문에서 상황을 설명할 때 쓰는 말로. "자, 이 상황에서 정부가 등장하는 것이다" 라는 간결하고도 효과적인 반전의 느낌을 전달.

12. The government has two kinds of weapons in its arsenal: monetary and fiscal.

★ 어휘/어구

- arsenal 무기고, 병기고. 비유적으로, 좋지 않은 상황에 대처하기 위해 쓸 수 있는 방편들을 집합적으로 부를 때 쓰는 말
- monetary 돈의, 돈과 관련된. 해당 맥락에서는 '통화' 혹은 '통화량'과 관련
- fiscal 회계. 수입과 지출과 관련된 말. 해당 맥락에서는 정부의 예산정책과 관련

13. Fiscal policies have to do with the government budget.

★ 어휘/어구

- have to do with 무엇 혹은 어떤 사람과 관련이 있다

  예시) This has nothing to do with me. 이건 나와 아무런 관련이 없다.

  예시) His death has everything to do with you and nothing with me.
  그 사람이 죽은 것은 너와 관련된 일이지 나는 상관 없어.

14. The government comes up with public works projects to temporarily hire people so that they have some extra cash to spend or cuts taxes trying to help with those cash-strapped companies and individuals.

★ 어휘/어구

- cash-strapped 돈이 없어 쪼들리는 비교) be strapped for cash 서술적으로 쓸 때

  예시) A lot of cash-strapped companies went under during the recession.

자금 부족에 허덕이던 많은 회사들이 경기침체 와중에 파산했다.

예시) The company's huge investment ended up in a miserable failure and is now strapped for cash.

그 회사의 큰 투자가 결국 끔찍한 실패로 끝나 지금 자금난에 허덕이고 있다.

15. Just as the body suffers when the blood flow slows down or gets stopped, the economy gets sick when money doesn't circulate.

★ 어휘 / 어구

- slow down 점차 속도가 떨어지다. opp. speed up /

  예시) Please slow down. You're losing me.

  좀 천천히 말해주세요. 말을 못 따라 가겠어요.

- circulate 글 등이 여러 사람들에게 전해져 돌아다니다, 혈액 등의 순환하다

  예시) When you have plaques in your blood vessels, blood doesn't circulate as well as it should.

- just as 비유나 비교할 때 유용한 말. 뭐가 뭐하는 것처럼 이섯노 이렇다.

  예시) Just as you get upset with customers who don't pay you, attorneys are not happy with clients who don't pay.

16. It's the government's job to deal with the credit crunch.

★ 어휘 / 어구

- credit crunch 신용경색. / crunch 무엇이 갑자기 부족해지는 사태 비교) budget crunch 예산부족사태. 비슷한 의미로 credit squeeze

  예시) For tiny companies going through a credit crunch, small business administration loans are definitely a smart option.

  자금부족 사태를 겪고 있는 영세기업들에게는, '소상공인운영대출'을 고려하는 것이 좋다.

17. For all the government efforts to turn things around, the economy and the world's economy for that matter, shows no sign of improvement.

★ 어휘/어구

- For all the merits of an FTA between the U.S. and South Korea, there is no denying that at least some will have to suffer as a result of it.

  한미 FTA가 장점이 많긴 하지만, 누군가는 그 결과로 피해를 보게 된다는 것은 부인할 수 없다.

- turn around (목적어와 같이 써서) 무엇의 상황을 역전시키다. 호전시키다.

  예시) Even the huge international aids failed to turn things around in the famine-stricken continent.

- for that matter 그 점에 있어서는. 하나만 언급하려다가, "그 점에 있어서는" 누구도 그렇다는 말을 하고자 할 때

  예시) I don't understand why moms are blaming the students, or the teacher for that matter, for what happened that night.

  난, 학부모들이, 그날 밤 일어난 일에 대해 학생들, 아니 그 문제에 관한 한 심지어 선생님까지 비난하는 이유를 모르겠다.

12. AMERICAN HEALTH INSURANCE

One day I got so sick that I knew I needed to go see the doctor. After a routine check-up, the doctor said with a serious look on his face that he was referring me to the hospital nearby. Full of anxiety and fear, I went to the hospital the next day. The physician let me through a battery of tests including a blood test and a CT scan.

The pain I had in my stomach was gone after I was administered a shot of pain relievers. A few hours later, the doctor told me I was basically okay and wrote me a prescription. I wanted to be sure though, so I asked him if it's really okay to go home and relax, and he assured me that it is. I almost ran out of the hospital and went to the pharmacy to fill my prescription.

Everything is going to be okay, I thought with a sigh. But it was not the end of the story. I was bombarded with medical bills that amounted to thousands of dollars. And I know why. I'm not insured. Yes, I'm one of those 37 million Americans without health insurance. I once thought I'd have to buy an insurance plan sooner or later, but put the thought behind me after a series of visits to the grocery stores in the next couple of weeks.

I'm still on medication. I have to refill my prescription every few weeks which each adds hundreds of dollars to the stack of bills I have to pay up. Besides, those over-the-counter medicines you have to pay for add to the burden.

The elderly couple next door, both in their 70s, are covered under the Medicare program and pay only half the prescription drugs costs. They bought a private insurance plan a few years back, and the premium is less than $100 a month with deductibles set at $150 per year. They say they only pay about a 3-dollar copay on normal doctor visits.

President Obama recently successfully pushed through Congress a universal health care initiative which is essentially to offer health insurance for all. The bolts and nuts of the program, however, have yet to be worked out. Before then, I would have to stay strong and kill the urge to go see the doctor if the ailment won't kill me.

1. After a routine check-up, the doctor said with a serious look on his face that he was referring me to the hospital nearby.

   ★ 어휘/어구
   - a routine check-up 정기조사, 정기건강검진, 일상적으로 하는 조사
     예시) In 1998, only 30% of adults in Seoul reported they had had a routine check-up.
   - a ~ look on one's face 얼굴에 어떤 표정을 하다
     예시) He had this funny look on his face and smiled.
   - refer 다른 사람, 기관에 위탁, 맡기다. 본문에서는 큰 병원 가보라고 했다는 말.
     예시) When I had a cold and possible lung infection, I was referred to a specialist and given a pulmonary function test.
     감기에 걸려 폐 감염이 의심되어, 전문의에게 보내져서, 폐기능 검사를 받았다.

2. The physician let me through a battery of tests including a blood test and a CT scan.

   ★ 어휘/어구
   - let me through 일련의 과정을 겪게 하다 비교) Let me in! 날 들여보내줘!
   - a battery of 잇따라 나오는 질문, 시험, 테스트 등
     예시) He then asked me a battery of questions, including my age, level of education and whether or not I was a United States citizen.
     그리고 나서 그 사람은 내게 여러 가지 질문을 했다. 연령, 교육 정도와 함께 내가 미국 시민인지도 물었다.

3. The pain I had in my stomach was gone after I was administered a shot of pain relievers.

   ★ 어휘/어구
   - administer 투약, 투여하다

예시) The doctor administered him the drug intravenously.
의사는 그 사람에게 정맥주사를 놨다.

- pain reliever 진통제

4. A few hours later, the doctor told me I was basically okay and wrote me a prescription.

★ 어휘/어구

- write a prescription (의사가) 처방전을 써주다 비교) prescription drug (처방약품); over-the-counter drug (일반의약품, 의사의 처방전이 없어도 살 수 있는 약품)

예시) As a general rule, over-the-counter drugs have to be used primarily to treat a condition that does not require the direct supervision of a doctor.
일반적으로, 일반의약품은 의사의 직접적인 감독이 필요하지 않은 증상을 치료하기 위해 쓰여야 한다.

5. I wanted to be sure though, so I asked him if it's really okay to go home and relax, and he assured me that it is.

★ 어휘/어구

- assure 괜찮다고 안심시키다. 용법에 유의. that절과 보통 연결. reassure도 비슷

예시) It is reassuring to know that I can always ask for help if I'm in trouble.
내가 문제가 생기면 언제라도 도움을 청할 수 있다는 것이 참 안심이 된다.

6. I almost ran out of the hospital and went to the pharmacy to fill my prescription.

★ 어휘/어구

- fill a prescription (약국에 가서) 처방전대로 약을 사다, 받다, 주다.

예시) Recently, my pharmacist filled my prescription with a generic form of the drug.
최근에, 약사가 내 처방전 약품을 '카피약'으로 주었다.

* generic drug 특허권이 종료되어 상표등록에 의한 법적 보호를 받지 않아, 같은 공정으로 다른 제약회사가 만들어 파는 (더 싼) 약품

7. I was bombarded with medical bills that amounted to thousands of dollars.

★ 어휘/어구

- be bombarded with 무엇을 대량으로 받게 되다. bombard는 본래 폭격을 한다는 말. 폭탄이 집중 투하되듯 무엇인가를 많이 받게 될 때 쓰는 말.

  예시) Millions of people had their credit card information leaked, and the credit card companies were bombarded with complaints from their customers.

- medical bills 의료비 청구서. 비유적으로 많은 혹은 적은 의료비를 부를 때 씀.
- amount to 양이나 수치가 얼마에 달하다

  예시) If you are looking to buy a house, then you really need to know what the costs may amount to so that you can allow for them.
  주택을 구매하려고 생각하고 있다면, 총 비용이 얼마나 될 지 알아야 그 비용을 감당할 수 있을지 여부를 파악할 수 있다.

8. I once thought I'd have to buy an insurance plan sooner or later, but put the thought behind me after a series of visits to the grocery stores in the next couple of weeks.

★ 어휘/어구

- buy an insurance 보험에 가입하다. 보험도 하나의 상품이므로, 그 상품을 '구매'한다고 표현 비교) an insurance policy (plan) 보험상품

  예시) It is important to know which insurance policy is right for you before you buy one.
  보험에 가입하기 전에 어떤 보험이 본인에게 맞는지 알고 있어야 한다.

- put the thought behind me 그 생각을 뒤로 미루다. 그냥 잊어버리다

예시) I put the thought behind me and took a shower.
난 그 생각은 뒤로 하고, 샤워를 했다.

9. I'm still on medication.

★ 어휘/어구

- be on medication 약을 복용중이다 비교) be on a diet

예시) I've been on a low-fat diet for half a year now.
지금 6개월째 저지방 식단을 유지하고 있다.

10. I have to refill my prescription every few weeks which each adds hundreds of dollars to the stack of bills I have to pay up.

★ 어휘/어구

- refill my prescription 같은 처방전에 대해 같은 약을 다시 사는 것

예시) So many times I've asked for a prescription refill only to be told they never pre-scribed that med for me.
여러 차례 처방전에 따라 다시 약을 사려고 갔을 때마다, 나에게 그 약품을 처방전에 따라 판매한 적이 없다는 말만 들었다.

- pay up 돈을 갚다. 갚기 싫거나 기한이 지났지만 갚아야 할 돈을 마침내 다 갚는다고 할 때 주로 씀

11. Besides, those over-the-counter medicines you have to pay for add to the burden.

★ 어휘/어구

- besides 게다가, 뿐만 아니라, 그것 말고도
- add to the burden 더 부담이 된다. 이전에 있던 부담에 부담이 더해진다

12. The elderly couple next door, both in their 70s, are covered under the Medicare program and pay only half the prescription drugs costs.

★ 어휘/어구

- next door 옆집 혹은 '옆집에' 비교) a couple (living) next door

  예시) This kid living next door is always screaming.
- cover 보험 등으로 보장을 받다. 보험이 특정 질병, 비용 등을 보장한다.

  예시) My health insurance doesn't cover routine medical check-ups.
- Medicare 미국의 국가의료보험 중 하나로, 65세 이상 고령자들에게 가입하도록 해주는 프로그램 비교) Medicaid 장애인, 빈곤층을 대상으로 한 의료보험 프로그램(미국)

13. They bought a private insurance plan a few years back, and the premium is less than $100 a month with deductibles set at $150 per year.

★ 어휘/어구

- (monthly) premium 매 달 내는 보험료
- deductible (보험에서) 본인 부담금 상한선

14. They say they only pay about a 3-dollar copay on normal doctor visits.

★ 어휘/어구

- copay 또는 copayment 병원 방문시 환자가 반드시 내야 하는 정해진 금액

  * premium, copay, coinsurance, deductible의 관계
  - 가령, 매월 보험료(premium)을 100달러를 내는 사람은 해당 보험의 정책상 병원 방문 때마다 정해진(fixed) 금액을 5달러를 copay로 낸다고 하고, 이번에 수술 및 입원비로 6,000달러가 나왔다고 치자. 이 때, 본인부담금 상한선(deductible)은 이미 한 해 기준으로 이미 책정되어 있다. 그 금액이 500달러라고 하면, 총 지불액 6,000달러 중 500달러는 환자가 부담한다. 그리고 나머지 5,500달러에 대해선 환자와 보험회사가 분담을 하는데 이 분담 비율을 coinsurance라고 한다. coinsurance는 비율로 표시해서, 8:2 라고 정해져 있다면 보험회사가 80%, 환자가 20%를 부담한다는 말이다. 이

경우에는 5,500달러의 20%, 즉, 1,100달러는 환자가 기존 deductible에 추가로 내야 하고, 나머지 4,400달러는 보험회사에서 부담한다. 결과적으로 총 치료비 6,000달러 중 1600달러는 환자가, 4,400달러는 보험회사가 부담한다.

이 때 중요한 것은 보험에 가입할 때, 가입자가 병원에 자주 가는 편인지, 병원비가 많이 나오는 편인지를 잘 고려해서 그 상황에 맞는 보험상품을 골라야 한다는 것이다. 통상 monthly premium이 높으면 copay나 deductible은 낮게 책정된다. 병원에 자주 가는 편이고, 한 해 병원비가 높은 편이라면 monthly premium이 높고 copay와 deductible은 낮으며, coinsurance의 개인부담률이 적은 상품을 택하는 것이 일반적으로 더 유리하다.

15. President Obama recently successfully pushed through Congress a universal health care initiative which is essentially to offer health insurance for all.

★ 어휘 / 어구

- push through Congress 의회를 통과시키다. 법안(bill)이 법(law)이 되기 위해서는 해딩 위원회를 통과하고 상원, 하원의 표결을 통과하고 난 다음, 최종적으로 대통령이 서명을 해야 한다. 대통령이 통과되기를 원하는 법안이라도 대통령이 노력해서 의회 의원들이 찬성표를 던져주도록 해야 하고, 그 상황을 표현할 때 push through Congress라는 말을 쓰면 좋다.

16. The bolts and nuts of the program, however, have yet to be worked out.

★ 어휘 / 어구

- nuts and bolts 계약서, 합의안, 계획 등의 세부 사항들을 비유적으로 이르는 말

예시) Nuts and bolts of the agreement have been discussed and the agreement is in the final stages and we hope to sign it before the end of the month.

합의안의 세부 사항들이 논의되었고, 합의는 최종 단계에 들어섰으며, 이달 말까지는 서명을 할 수 있기를 바랍니다.

- have yet to 아직 못했다. 해야 하는데 아직 못한 상태라는 점을 강조

    예시) We have yet to discuss the details.

17. Before then, I would have to stay strong and kill the urge to go see the doctor if the ailment won't kill me.

★ 어휘/어구

- kill the urge 무엇인가를 강하게 원할 때, 그 마음을 억누른다는 말

    예시) If I have a strong urge to eat (but I'm not hungry) what are some foods that I can eat to kill the urge.
    배가 고프지만 무엇인가를 무척 먹고 싶을 때, 그 욕구를 잠재우기 위해 먹을 수 있는 음식들은 무엇이 있을까요.

13.
BETTER LEFT ALONE

My little carp would move no more. I caught this little, 3-inch long carp from a reservoir near my home a year or so ago. You know, I'm so into fishing. It was so small as to make me laugh out loud. But then I thought, 'Wait a minute. This little thingy could make a happy addition to my 2-feet long aquarium where about a dozen measly little beings basically do nothing but eat'. By the way, compared to these 'tropical' little minnows, the carps are ferocious predators. Though the size of my palm, this little cute carp could 'freshen up' the boring aqua-world that had been sitting there beside my TV set for 3 years.

So right then and there I took out a plastic bag, put some water in it and put the carp in the bag so that I could bring it home alive. As soon as I got home I got it out of the bag and put it in the aquarium. The poor little thing looked awfully perplexed. I could tell from its eyes and the way he moves around and tries to hide behind the little rocks in the aquarium. I decided I would help him grow into a big, confident and ferocious ruler in the small world where the pretty but chubby little ones had been getting even chubbier. Maybe they could slim down with a strong, bulky guy in their midst.

Indeed, he was doing okay for the first few months. But then after something like half a year or so, his scales started looking bad. I guessed that contrary to my belief, he was rather being bullied by those little thingies. I could tell whenever I put feed in the aquarium he was being 'crowded out' so to speak. He seemed to be getting skinnier week after week. I decided I couldn't just let it go and brought home some of those pricy varieties of fish feed. Things didn't change. A little less than a year after I brought him home he seemed like he was at death's door. I felt extremely sorry for him.

So one day, I decided to separate him from the rest of the crowd and bought home a small fish bowl. As soon as I got home in the middle of the night, I pulled him out and put him into the new bowl. I couldn't go to bed for a couple of hours. I needed to make sure he was okay. Then at about 1 a.m. when I went and checked on him, he wasn't moving. He would move no more. I knew he was gone. I felt so sorry I 'wept', to say the least. I told myself again and again that I shouldn't have brought him home in the first place. The poor little thing would have been doing fine back in the reservoir if I hadn't brought him home. I said a little prayer and made a little grave for him out in the garden the next morning. Sometimes something or someone is better left alone than having anything to do with me, I thought to myself.

1. My little carp would move no more.

★ 어휘/어구

- move no more / doesn't move any more가 더 격식 있는 말.

  예시) Say no more. 그만 하지?

2. I caught this little, 3-inch long carp from a reservoir near my home a year or so ago.

★ 어휘/어구

- carp 잉어, 붕어류의 비늘을 가진 물고기
- reservoir 저수지, 저장소

3. You know, I'm so into fishing.

★ 어휘/어구

- be into 무언가에 푹 빠져 있다. 특히 취미.

  예시) She is into hats. She has 100 different ones at home.

4. It was so small as to make me laugh out loud.

★ 어휘/어구

- so ~ as to 너무 어떠해서 어떨 정도이다

  예시) The room was so small as to be unlivable.

  방이 너무 작아서 거기선 살 수 없을 정도였다.

- laugh out loud = LOL 큰 소리로 웃다. lol은 웃음을 표기하기 위한 미국인들의 약자로 많이 쓰임

5. But then I thought, 'Wait a minute. This little thingy could make a happy addition to my 2-feet long aquarium where about a dozen measly little beings basically do nothing but eat'.

★ 어휘/어구

- wait a minute. 가만 있어보자. 어, 가만있어봐.

   예시) Hi Tim. How are you? Wait a minute? You got a nose job?

   팀, 안녕? 어, 잠깐만. 너 코 했냐?

- thingy 이름이 떠오르지 않을 때, '그거' 하는 말. 혹은 thing을 비격식적으로 부르는 말.
- make a happy addition to 어디에 더해지면 좋을 것 같다.

   * make = become

   예시) I'm sure you're going to make a great police officer.

   넌 분명히 훌륭한 경찰관이 될거야.

- measly 작고 별거 아닌 것.

   예시) I get a measly $10 an hour.

   나 시간당 10불 밖에 못받아

   예시) Did you really pay $100 for these measly little things?

   요런거 산다고 100달러나 줬어? .

6. By the way, compared to these 'tropical' little minnows, the carps are ferocious predators.

★ 어휘/어구

- minnow 피라미, 조그만 물고기

   예시) The shark gobbled up a few minnows.

   상어가 작은 물고기 몇 마리를 삼켜버렸다.

- ferocious 동물 등이 흉포하거나 무섭다는 말

   예시) Scientists believe there are other ferocious meat-eaters that were even larger than the T-rex.

과학자들은, 티라노사우르스 보다 큰 무서운 육식공룡들이 있었을 것이라고 믿고 있다.

7. Though the size of my palm, this little cute carp could 'freshen up' the boring aqua-world that had been sitting there beside my TV set for 3 years.

★ 어휘/어구

- freshen up 몸단장 등을 해서 예쁘게 보이게 하다. 새로운 활력을 불어넣다

    예시) There are many things you can do to freshen up the room in your home.
    방 분위기를 산뜻하게 바꿀 방법은 많다.

★ 구문

- Though the size of my palm, this~

    앞의 주어와 뒤의 주어가 같을 때, 중복되는 부분을 뺀 형태.

    즉, Thought this little cute carp is the size of my palm, this little cute carp could ~ 에서 중복되는 this little cute carp를 안씀.

    예시) Asked if they liked their teacher, 9 out of 10 students said 'not at all.'

- (When the students were) Asked if ~

    선생님이 좋냐고 묻자, 90%의 학생들은 '전혀'라고 대답했다.

    우리 말은 앞에서의 주어는 묻는 사람이고, 뒤의 주어는 학생들이어도 상관없지만, 영어에서는 일치해야 생략 가능.

8. So right then and there I took out a plastic bag, put some water in it and put the carp in the bag so that I could bring it home alive.

★ 어휘/어구

- take out 가방 등 안에 있던 것을 꺼내다

    예시) She took out a complete set of foundation, eyeliners, mascara, etc.

- plastic bag 비닐봉지

9. The poor little thing looked awfully perplexed.

★ 어휘/어구

- perplexed 무언가를 이해할 수 없어 당혹스러워하는 모양

예시) With a perplexed look on his face, he asked, "Is everything all right?"

10. I decided I would help him grow into a big, confident and ferocious ruler in the small world where the pretty but chubby little ones had been getting even chubbier.

★ 어휘/어구

- chubby 뚱뚱한 정도는 아니고 (귀엽고) 통통한. 몸매 이외에도 손가락 등을 지칭할 때도 사용

11. Maybe they could slim down with a strong, bulky guy in their midst.

★ 어휘/어구

- slim down 다이어트 등을 해서 날씬해지다
- bulky 부피나 몸집 등이 크다는 뜻

예시) If your a bulky guy then you must have a good amount of muscle on you.
덩치가 크다면, 근육량도 분명히 많을 것이다.

- something is in our midst 무엇인가가 우리들 틈에 끼어있다.
- with a bulky guy in their midst 덩치 큰 녀석이 그 녀석들 사이에 있어서

12. But then after something like half a year or so, his scales started looking bad.

★ 어휘/어구

- something like = about 기간이나 수치화할 수 있는 것을 표현할 때, '대략'의 의미로 비격식 표현으로 사용
- scale 물고기나 뱀 등의 비늘

13. I guessed that contrary to my belief, he was rather being bullied by those little thingies.

★ 어휘/어구

- bully 동사로 사람을 괴롭히고 왕따를 시키다. 명사로 그런 사람.
  예시) Is a bully made or born?
  사람 괴롭히는 못된 녀석은 원래 타고 나는 것인가 아니면 환경 때문에 그렇게 되는 것인가.

14. I could tell whenever I put feed in the aquarium he was being 'crowded out' so to speak.

★ 어휘/어구

- crowd out 우르르 달려들어 밀어내다
  예시) Africa's lions are being crowded out by people.

15. I decided I couldn't just let it go and brought home some of those pricy varieties of fish feed.

★ 어휘/어구

- let it go 별도의 조치를 취하지 않고 그냥 내버려 두다

예시) At the moment, I am the heaviest I have ever been and I'm determined to not let it go any further.
지금 내 몸무게는 내 평생 최대다. 이제 더 이상은 그냥 내버려두면 안되겠다고 결심했다.

- pricey = expensive 비격식

16. A little less than a year after I brought him home he seemed like he was at death's door.

★ 어휘/어구

- at death's door 죽음의 문턱에 있다. 죽기 직전이다

예시) I wanted to fight, but by then I was at death's door.
싸우고 싶었지만, 그 때는 이미 거의 초죽음이 된 상태였다.

17. Then at about 1 a.m. when I went and checked on him, he wasn't moving.

★ 어휘/어구

- check on someone 잘 있나/이상이 없나 살펴보다

예시) He talked to me every week, stayed on top of everything, always checking on me.
그 사람은 매 주 내게 말을 걸고, 뭐든 다 알고 있었고, 항상 나에게 신경을 써왔다.

18. The poor little thing would have been doing fine back in the reservoir if I hadn't brought him home.

★ 어휘/어구

- doing fine 별 탈 없이 잘 지내다
- back in the reservoir 이곳에 오기 전에 있었던 그 저수지에서

예시) Back when I was still a college student, I was head over heels in love with her.
옛날 내가 아직 대학생이었을 때, 난 그 여자와 정말 사랑하는 사이였다.

19. I said a little prayer and made a little grave for him out in the garden the next morning.

★ 어휘/어구

- say a prayer 기도하다, 기도를 드리다 / prayer 기도

예시) I said a little prayer and cleared the tears in my eyes.
잠깐 기도를 하고 눈물을 닦았다.

20. Sometimes something or someone is better left alone than having anything to do with me, I thought to myself.

★ 어휘/어구

- better left alone 내버려 두는 것이 낫다 better를 하나의 부사로 취급. best도 마찬가지

예시) It's best (to) let sleeping dogs lie.
잠자는 개는 건드리지 않는 것이 좋다.

예시) The money would be better spent on buying me a nice meal than buying that stupid game console.
그런 웃기는 게임기를 사느니 그 돈으로 나 밥 한끼 사 주는 것이 훨씬 나아.

14.
SECRET EXPOSED

For every mom and dad, the weeks leading up to Christmas feel something like treading on thin ice. You got to know what your kid wants for Christmas from the fabled 'Santa Claus' without giving the slightest bit of hint that YOU are actually him.

For me, getting the information out of my five-year-old princess was a piece of cake. You just ask her and she lays out a laundry list of things she wants for Christmas. She isn't going to suspect a thing anyway. But getting it from my 10-year-old son is no easy task even for some experienced moms like my wife. Any direct questions as to what he wants will 'debunk' the 10-year-old secret once and for all. I know. What kind of a 10-year-old still believes in Santa? They are too old to NOT know it. All the information you need is right there at school. The kid sitting right next to you will be laughing at you saying, 'you fool, that's all made up!' After all, the kid sitting in the back of the classroom in middle school gave you each and every tidbit of information regarding the complex truth about where the baby comes from and how. Didn't he?

I too seriously doubted that this kid would still be thinking Santa is for real. But a series of delicate 'elicitation' convinced both of us that this kid still DOES believe in the gray-bearded obese old man from the North Pole. He even asked us a question. "Dad, how does Santa Claus get to know what I want for Christmas?" I remember saying "Well, that, I want to know too, but somehow he knows it."

So, convinced that there's no chance we would ever get caught, my wife and I searched through on-line shopping malls for a hooded shirt jacket with the coveted 'Lotte Giants' logo on it. Yes, that was what he wanted. We somehow had managed to steal a glance at his diary a few days back.

It was Christmas eve. At around 9 p.m., with this typical look of an exited kid's, my son said he'd better go to bed. His usual bedtime is 10 o'clock at the earliest by the way. Half an hour later, we carefully put the gift-wrapped shirt and a card from Santa on his bedside. I actually remember giggling on our way out of his room.

The next morning, I got up early to see those little faces light up with joy. The 5-year-old got out of bed soon and almost cried out of joy and excitement when she saw her gift. The older one came out of his room with the gift in his right hand. Then a little smile curved at his lips. He looked at us saying "Thank you dad. Thank you mom" My heart sank right there. But I wanted to make sure and said, "Why thank us, son? That's from Santa Claus! Haha?" He smiled again saying "Dad, I'm soon going to be 11. I'm no fool. Santa Claus is a legendary figure also known as Saint Nicholas. The modern figure was actually derived from a Dutch named SinterKlaas." I was like 'Sin.. what?' He went on for another half minute lecturing us about the origins of Santa Claus.

My wife and I looked at each other without saying anything. Soon afterwards we had our breakfast, 'crest-fallen' so to speak. So the day quietly passed. We didn't even bother to ask him how or rather when he knew all that. We didn't want to know. That day, we ended up with another grown-up in our house.

1. For every mom and dad, the weeks leading up to Christmas feel something like treading on thin ice.

   ★ 어휘/어구
   - leading up to 어떤 일이 있기 전까지의 기간을 이를 때 쓰는 말.
     예시) In the days leading up to the big day, I had been a nervous wreck.
     그 중요한 날이 다가오기까지 며칠 동안 난 정말 많이 긴장됐다.
   - tread on thin ice 살얼음판을 걷는다. 조심스럽게 무얼 한다는 말.
     예시) Asking my wife if I could go on a fishing trip with a friend of mine, I felt like I was treading on thin ice.
     아내에게, 친구랑 낚시여행을 다녀와도 되냐고 묻는데, 가슴이 콩닥콩닥 뛰었다.

2. You got to know what your kid wants for Christmas from the fabled 'Santa Claus' without giving the slightest bit of hint that YOU are actually him.

   ★ 어휘/어구
   - fabled 우화에 나오는, 옛날 이야기에 나오는, 많이 회자되곤 하는
     예시) the fabled princess 그 옛날 얘기에 나오는 공주님
   - the slightest bit of 아주 조금을 얘기할 때 자주 쓰는 말.
     예시) the slightest bit of information about the plan.
     그 계획에 대해 아주 조금의 정보라도

3. For me, getting the information out of my five-year-old princess was a piece of cake.

   ★ 어휘/어구
   - a piece of cake 아주 쉬운 일, 손쉬운 일, 식은죽 먹기

예시) Getting it done in an hour was a piece of cake.
한 시간에 그 일을 끝내는 것 쯤은 식은 죽 먹기였다.

4. You just ask her and she lays out a laundry list of things she wants for Christmas.

★ 어휘/어구

- lay out 목록 같은 것을 주욱 늘어놓는다는 말. 앞에 펼쳐 놓듯 늘어놓는다는 느낌을 전달하고자 할 때 쓸 수 있음.

  예시) He laid out a list of things he wanted to have for his birthday.
  생일선물로 받고 싶은 것들을 주욱 나열했다.

- laundry list 세탁물 목록. 파생되어 다양한 종류의 여러 가지 물건이나 목록을 지칭할 때 쓸 수 있음.

  예시) a laundry list of weapons 종류도 다양한 많은 무기들

5. She isn't going to suspect a thing anyway.

★ 어휘/어구

- suspect a thing 보통 부정문과 같이 쓰여 '하나도 의심하지 않는다'는 말을 할 때 사용

  예시) I didn't suspect a thing when he told me that. 그 얘기를 들었을 때 나는 전혀 의심하지 않았다.

6. Any direct questions as to what he wants will 'debunk' the 10-year-old secret once and for all.

★ 어휘/어구

- as to 주어진 대상에 관하여. about과 대부분의 경우 호환이 가능한 표현

예시) Well, I have a question as to the whereabouts of the defendant.

피고의 행방에 관한 질문이 하나 있습니다만.

- debunk 비밀에 부쳐졌던 사실을 갑자기 폭로한다는 말. 비교적 거창한 말.

예시) The 10-year-old secret between he and me was debunked when he accidentally talked about what happened that night.

걔와 나만 알고 있던 10년간 유지해오던 비밀이 오늘 걔가 그날 밤 무슨 일이 있었는지에 대해 얘기하면서 결국 만천하에 알려지고 말았다.

- once and for all 한 방에 영원히. 한 번 생긴 일로 돌이킬 수 없게 되었다는 점을 강조하려 할 때 부사구로 종종 사용.

예시) At that moment, I turned into some kind of a hideous monster.

그 순간 나는 영원히 무슨 괴물인 것처럼 여겨지게 되어 버렸다.

7. The kid sitting right next to you will be laughing at you saying, 'you fool, that's all made up!'

★ 어휘/어구

- somebody sitting right next to someone else 누구 바로 옆에 앉아있는 누구 right next to 구문에 특히 유의.

예시) The guy sitting right next to the principle is actually my uncle.

교장선생님 바로 옆에 앉아있는 사람이 사실 우리 삼촌이다.

- made up 사실이 아니고 만들어진 얘기라는 말을 할 때 사용

예시) To be honest with you, I made it all up.

솔직히 말하면, 내가 그거 다 지어낸 얘기야.

8. After all, the kid sitting in the back of the classroom in middle school gave you each and every tidbit of information regarding the complex truth about where the baby comes from and how. Didn't he?

★ 어휘/어구

- after all 문장 앞에 써서, 바로 앞서 나온 말이, 사실 따지고 보면 당연하다는 말을 하고자 할 때 씀. 유의: 그냥 '결국'이라고 외워서는 안됨.

    예시) I just went home. After all, there was no need to wait another hour.

    난 그냥 집에 갔다. 사실 뭐 한 시간 더 기다린다고 필요도 없었으니까 말이다.

- in the back of 특정 장소의 뒤쪽 혹은 뒤편을 이르는 set phrase로 쓰이는 상황이 다양하므로 입에 붙여놓으면 좋음.

    예시) Who would've thought a bunch of policemen had been in the back of the truck?

    그 트럭 뒤에 경찰관들이 있으리라고 누가 생각이나 했겠어?

- each and every 하나도 빠짐없이 모두 다. 사실 every만으로도 의미는 통하나, 더욱 '모두 다'라는 말을 강조하고자 할 때 자주 쓰는 말.

    예시) Each and everyone of us was just too shocked to speak.

    우리는 하나같이 모두 너무 놀라서 말문이 막혀버렸다.

- tidbit 아주 조금 bit과 비슷. bit보다 더 구어체에 가깝고 더 작은 조각의 느낌.

    예시) I've given him every single tidbit of information I had.

    그 사람에게 내가 갖고 있던 정보를 하나도 빠짐없이 모두 전달했다.

9. I too seriously doubted that this kid would still be thinking Santa is for real.

★ 어휘/어구

- doubt 어떤 일이 '아닐거'라고 의심하는 것. suspect는 어떤 일이 '그럴 것'이라고 의심하는 것.

    예시) I doubt that he will come.

    개가 안올 것 같아.

    예시) I suspect that he will come.

    개가 올 것 같아.

- for real 가짜가 아니라 '실제상황' 혹은 '실제로 존재하는 것'이라는 말.

    예시) This is not just a dream. This is for real.

    이건 꿈이 아닙니다. 이건 현실입니다.

10. But a series of delicate 'elicitation' convinced both of us that this kid still DOES believe in the gray-bearded obese old man from the North Pole.

★ 어휘/어구
- elicitation 무언가를 '끌어'내려는 행위 혹은 기술. 수사기법 중에는 '유도심문'의 의미로 쓰임. elicit 반응 등을 이끌어내다

예시) His speech elicited a huge round of applause.
그 사람의 연설을 듣고 사람들이 우뢰와 같은 박수 갈채를 보냈다. (박수를 끌어냈다.)

11. "Dad, how does Santa Claus get to know what I want for Christmas?"

★ 어휘/어구
- get to know 알게 된다. 그냥 '안다'는 것이 아니라, 알게 된 절차 등에 대한 의미가 가미된 형태.

예시) How did you two get to know each other?
두 분은 서로 어떻게 알게 되셨어요?

12. I remember saying "Well, that, I want to know too, but somehow he knows it."

★ 어휘/어구
- somehow 어떻게 된건진 모르지만, 어찌어찌해서, 여차저차 해서, 어쩌다 보니.

예시) I somehow grabbed the big fish and kissed it right on the mouth.
엎치락뒤치락 해서 그 큰 물고기를 꽉 잡아서 입에다 뽀뽀를 했지.

13. So, convinced that there's no chance we would ever get caught, my wife and I searched through on-line shopping malls for a hooded shirt jacket with the coveted 'Lotte Giants' logo on it .

★ 어휘/어구

- there's no chance 가능성이 없다는 말. 그럴 리가 없다.

  예시) There's no chance that you would win the competition.

  당신이 대회에서 이길 리가 없어.

- get caught 물리적으로 잡힌다고 말할 때나, 어떤 나쁜 일을 들킨다고 할 때 쓰는 말.

  예시) After a month hiding out in the forest, he finally got caught today.

  한 달 동안이나 숲에서 숨어있다가 오늘 마침내 잡혔다.

- search somewhere for something 어느 지역을 뒤져서 무엇을 찾아내려고 하다

  예시) We searched the entire city for the suspect.

  우리는 그 용의자를 찾기 위해 그 도시 전체를 뒤졌다.

  비교) screen / 예시) The doctor screened him for cancer.

  의사가 그 사람 암검사를 했다. (그 사람의 몸에 숨어 있을 지 모르는 암을 찾기 위해 그 사람의 몸을 뒤졌다.)

- coveted 다들 탐내하는, 다들 가지고 싶어하는, 많은 사람들의 선망의 대상이 되는

  예시) The coveted job of lawyers is finally within my reach.

  내가 그렇게 바라던 변호사가 이제 곧 될 것 같다. (변호사라는 그렇게 원하던 직업이 이제 내 손에 거의 들어왔다.)

★ 구문

- convinced that 어떤 사실이 확실하다는 확신이 들어서. 문장 앞에 써서, 무엇이 확실하다고 생각을 하고 어떻게 했다는 말을 하려고 할 때. 주절과 종속절의 주어가 일치되어야 한다.

  예시) Convinced that he was dead, I called the police right away.

  그 사람이 죽었다고 생각하고, 나는 바로 경찰에 전화했다.

- with ~ on it 뭐가 어디에 붙어있다, 그려져 있다.

  예시) I picked up a can of soda with a warning label on it.

  경고문구가 붙어있는 음료수를 집었다.

  비교) The door has a rainbow on it! 문에 무지개가 그려져 있어.

14. We somehow had managed to steal a glance at his diary a few days back.

★ 어휘/어구

- steal a glance 몰래 힐끗 본다. 비교) take a look at

예시) She stole a glance at the gift, and smiled.

여자는 그 선물을 슬쩍 보고 미소를 지었다.

15. At around 9 p.m., with this typical look of an exited kid's, my son said he'd better go to bed.

★ 어휘/어구

- go to bed 자러 간다. 잔다.

예시) I wish I could go to bed, but I've got tons of work to do.

나도 자고 싶어. 그런데 아직 일이 산더미야.

16. At around 9 p.m., with this typical look of an exited kid's, my son said he'd better go to bed. His usual bedtime is 10 o'clock at the earliest by the way.

★ 어휘/어구

- at the earliest 아무리 빨라도, 빨라야

예시) My husband usually comes home at 10 p.m. at the earliest.

남편은 빨라야 10시는 되어야 들어온다. 비교) at one's worst.

17. Half an hour later, we carefully put the gift-wrapped shirt and a card from Santa on his bedside.

★ 어휘/어구

- half an hour 30분. 30 minutes라고만 쓰지 말고 이렇게도 말해보자.

    비교) half a century 50년. half a month 15일

- gift-wrapped 선물포장이 되어 있는

    예시) The gift-wrapped toy truck will definitely please my son.

    아들은 선물포장을 한 그 트럭을 엄청 좋아 할거야.

18. I actually remember giggling on our way out of his room.

★ 어휘/어구

- on one's way out of 어디에서 나오는 길에

    비교) on one's way through 어디를 헤치고 가는 길에

    예시) I yelled at him on my way out of the room. 방에서 나오면서 걔한테 소리를 질렀다.

    예시) I waded my way through the crowded street. 난 그 북적이는 거리를 뚫고 지나갔다.

19. The next morning, I got up early to see those little faces light up with joy.

★ 어휘/어구

- light up 밝아진다. 본문에선 얼굴에 미소를 머금고 얼굴이 활짝 핀다는 뜻.

    예시) I guess there's something fishy going on between you two. Her face always lights up whenever she sees you.

    너네 둘 사이에 뭐 있는 거 같은데? 걔가 널 볼 때마다 얼굴이 밝아져.

20. The 5-year-old got out of bed soon and almost cried out of joy and excitement when she saw her gift.

★ 어휘/어구

- get out of bed (아침에) 일어난다. 그냥 get up은 물리적으로 일어난다는 말이지만 get out of bed는 잠이 깨서 제대로 일과를 시작하기 위해 침대에서 나온다는 뉘앙스.

예시) I woke up at around 5 a.m. this morning, but I got out of bed at 8.
새벽 5시에 눈은 떴는데 8시에 일어났어.

- cry out of joy 기뻐서 소리지른다.

예시) He cried out of frustration when he got the news.
그 소식을 듣고 스트레스 받아서 마구 소리를 질렀다. (울었다)

21. Then a little smile curved at his lips.

★ 어휘/어구

- a little smile curved at his lips 미소가 얼굴에 번졌다. 통째로 외워두면 쓸 일이 많다.

22. My heart sank right there.

★ 어휘/어구

- heart sank 가슴이 철렁 내려앉았다. 놀랍거나 충격을 받았을 때 쓰는 말.

예시) My heart sank when I knew that my girlfriend

23. Santa Claus is a legendary figure also known as Saint Nicholas.

★ 어휘/어구

- also known as 다른 이름을 소개할 때 AKA라고도 씀.

Dr. Kevorkian, AKA, Dr. Death was accused of assisting in the deaths of 200 terminally ill patients.

'죽음박사'로도 알려져 있는 커보키안 박사는 200명을 안락사 시킨 혐의를 받았다.

24. The modern figure was actually derived from a Dutch named SinterKlaas."

★ 어휘/어구

- derive from 유래가 어디서 온 것이라는 말을 표현할 때 사용.

  예시) The title of the novel was derived from an ancient village in the remote island of Koita.

  그 소설의 제목은 고대 무인도 코이타에 있는 마을에서 따온 것이다.

25. My wife and I looked at each other without saying anything.

★ 어휘/어구

- without saying anything / without a word 아무말도 하지 않고. set phrase로 쓸 데가 많음.

  예시) I just stared at him in awe without a word.

  나는 한 마디도 안하고, 놀라서 그 사람을 보고만 있었다.

26. Soon afterwards we had our breakfast, 'crest-fallen' so to speak.

★ 어휘/어구

- crest-fallen 짐승이 무섭거나 기가 죽어 갈기 혹은 등의 털이 모두 죽은 상태를 부르는 말로, 의기소침하거나 힘이 빠진 상태를 표현할 때 쓰는 형용사.

  예시) Things had been looking up until it started raining. I couldn't go finishing. I was totally crest-fallen.

  상황이 정말 좋아 보였는데 갑자기 비가 내렸다. 낚시를 갈 수 없게 된 것이다. 나는 완전 풀이 죽어버렸다.

- so to speak 말하자면 어떻다는 말로, 특이하거나 비유적인 단어 혹은 말을 쓰고 뒤에 연결해서 씀.

예시) The meeting was 'star-spangled', so to speak. I saw 김태희, 황우슬혜, 효린, 송혜교 and 손태영 there.

그 회의장은 말하자면, '스타로 점철'되어있었다. 누구랑 누구랑 누구를 거기서 모두 보았다.

27. We didn't even bother to ask him how or rather when he knew all that.

★ 어휘/어구

- don't even bother to 굳이 뭘 하려고도 안 한다. 귀찮다. 안될 거 아니까 안 한다는 말로 통째로 입에 붙여두면 쓸 데가 많음.

예시) So angry, they didn't even bother to take a look at our letter of apology.

그 사람들, 너무 화나서 우리가 보낸 사과 편지를 보려고도 하지 않았다.

28. That day, we ended up with another grown-up in our house.

- end up 결국 어떻게 되어버렸다. 뒤에 연결부분의 모양은 매우 다양함.

예시) After all those years stealing things, he ended up prison.

그렇게 여러 해를 물건 훔치고 그러더니, 그 사람 결국 감옥 갔다.

예시) That's how I ended up here.

내가 그렇게 해서 결국 여기에 오게 된거야.

예시) After exchanging a few heated words, the man ended up stabbing the old man.

서로 욕설을 주고받다가 결국 그 남자가 노인을 칼로 찌르고 말았다.

15.
SMISHING

Phishing scams are a thing of the past at least in Korea. They've mostly been pushed out of the on-line world thanks in large part to people getting smarter. More than 90% of homes in Korea have broadband access. The Internet is now part of their lives. We know much more about how things work on the Internet than we did, say, 10 years ago. Scammers, however, have evolved.

Now they're sending text messages to your mobile phones with a weblink. Once you click on it, you get robbed of your money. And you don't even know it until the phone bill arrives at the end of the month. The money is tacked on to the bill as an added charge for a service you were not even aware existed. By one estimate, the amount of money stolen this way grew from $500,000 last year to more than $5 million this year. And that's a huge sum. What is worse, little of that money has been recovered.

The scammers are so elusive that we rarely hear these scammers getting caught. In fact, the police now give cell phone users a guide as to how not to get ripped off. Rule No. 1: Do not click on the link sent to your mobile phone. Rule No. 2: Install anti-hacking software. Rule No. 3: Do not give your personal information away over the phone or with any other means.

First off, weren't the police supposed to catch the criminals first, not warn people to beware? I know police are always playing catch-up. Scammers are always one step ahead of the game. Then, are the police playing catch-up now with the scammers? No. They're not trying to round up those basta… sorry, bad people. They're just warning US. Something's seriously wrong here.

To be fair, we can't just put the blame squarely on the police. After all, their hands are tied. Mobile carriers sell text messages in bulk to several named corporations who then sell them in smaller groups to an untold number of small and big buyers. Among these buyers are those scammers who send text message en masse to random cell phones. They leave a fake callback number on your phone, so basically there's no way to trace the message back to the sender.

You can make it illegal to block your number from being shown on the receiver's cell phone. In fact, we have a great piece of legislation pending in the National Assembly intended to do just that. But the bill has been pending for almost a year now. So those of us potential victims of smishing should just keep our fingers crossed and delete any suspicious-looking text messages for now.

1. Phishing scams are a thing of the past at least in Korea.

★ 어휘/어구

- phishing 피싱, 이메일을 이용하거나, 웹사이트를 복제하는 등의 방법을 이용해, 사용자의 개인정보를 훔쳐가는 사기
- scam 특히 금융이나 돈과 관련된 신용사기
- a thing of the past 과거지사. 이미 지난 일. 더 이상은 존재하지 않거나 잊혀진 일

  예시) Is prosperity about to become a thing of the past in the U.S.?
  미국에서 '번영'은 이제 사라지는 것인가.

2. They've mostly been pushed out of the on-line world thanks in large part to people getting smarter.

★ 어휘/어구

- be pushed out of 어디서, 다른 힘에 의해 밀려나가다, 사라지게 되다

  예시) This is important because the voices of youth who have been pushed out of school are largely missing from the education reform conversation.
  이것은 중요한 일이다. 학교에서 쫓겨난 젊은이들의 목소리가, 교육개혁 논의에서 배제되고 있기 때문이다.

★ 구문

- people getting smarter / people are getting smarter의 구문이나, thanks to라는 말로 연결되어 '절'을 쓰지 않고, 동사 부분을 빼낸 형태

  예시) I'm happy about him being in jail and I hope that's where he stays.
  그 사람이 감옥에 있어서 다행이야. 앞으로도 거기서 계속 있었으면 좋겠어.

3. More than 90% of homes in Korea have broadband access.

★ 어휘/어구

- broadband (주파수의) 광대역. 지금은 광대역통신망을 의미하는 경우가 많음

예시) About 30% of Americans don't have broadband access at home.

4. We know much more about how things work on the Internet than we did, say, 10 years ago.

★ 어휘/어구

- how things work 일/정황이 어떻게 돌아가는지

  예시) Can you show me how this thing works?

  이거 기능 좀 설명해줄 수 있으세요?

  비교) Can you explain the function of this to me? (어색)

- say 음, 그러니까. 가정을 하거나, 특정 예를 집어 말할 때

  예시) Let's say you're married. 자, 당신이 지금 기혼이라고 해봅시다.

  예시) Koreans tend to have better views of people from western cultures. They are not as kind to, say, the Chinese as they are to Americans.

  한국인들은 서양 사람들을 더 좋게 보곤 한다. 즉, 한국인들은 미국인들에게 친절한 만큼, 어..예를 들어, 중국인에게 친절하진 않다.

5. Scammers, however, have evolved.

★ 어휘/어구

- scammer 사기꾼; scam을 저지르는 사람 비교) hustler, swindler, charlatan
- evolve 진화하다, 조금씩 (주변환경에 적응해) 변화하다

6. Once you click on it, you get robbed of your money.

★ 어휘/어구

- click on something 컴퓨터에서 마우스로 무언가를 클릭하다
- get robbed of 강도를 당해 무엇을 빼앗기다

예시) Do panic attacks interfere with your functioning and rob you of your ability to enjoy life, like so many others today? If you do, we want to help.

공황발작 때문에, 많은 다른 사람들처럼, 생활이 힘들고, 인생을 즐길 능력을 잃고 있습니까? 그렇다면 우리가 도와드리겠습니다.

7. And you don't even know it until the phone bill arrives at the end of the month.

★ 어휘/어구

- the phone bill arrives 전화요금 고지서가 도착하다. 예전에는 실제로 고지서가 도착하는 경우가 많았으나 지금은 이메일로 요금이 고지되고 자동이체 되는 경우가 많기 때문에 지금은 비유적인 의미로 많이 쓰임.

8. The money is tacked on to the bill as an added charge for a service you were not even aware existed.

★ 어휘/어구

- be tacked on to 어디에 덧붙여 붙다

예시) An extra $30 a month admin fee is tacked on to bill without prior notice.
매 달 30불이 사전 공지 없이 고지서에 '관리비'로 붙고 있다.

★ 구문

- for a service (that) (you were not even aware) existed
  ☞ for a service that existed 의 구문에 you were not even aware가 '삽입'된 형태

예시) My husband and I stopped buying junk food and soda and I raise my eyebrows at things that I think are unhealthy.
남편과 나는 정크푸드는 이제 안 산다. 또 나는 내 생각에 건강에 좋지 않은 것들을 보면 신경을 곤두세운다.

9. By one estimate, the amount of money stolen this way grew from $500,000 last year to more than $5 million this year.

★ 어휘/어구

- by one estimate 한 추산에 따르면. 비교) by one measure; by one statistic

예시) By one estimate, the number of people over 65 with the disease is expected to nearly triple by 2050, from five million today to 13.8 million.

한 추산치에 따르면, 그 질병을 가진 65세 이상 고령인구는 현재 5백만에서 2050년 1380만으로 거의 세 배나 늘 것으로 보인다.

10. And that's a huge sum. What is worse, little of that money has been recovered.

★ 어휘/어구

- sum 합계. 종종 돈의 액수의 많고 적음을 나타내기 위해 쓰임
- recover 잃어버린 것, 다시 찾기 어려운 것을 다시 회수해 내다.

예시) More than 20 bodies were recovered from the rubble.

11. The scammers are so elusive that we rarely hear these scammers getting caught.

★ 어휘/어구

- elusive 잘 잡히지 않고 잘 빠져나간다는 말

예시) After a decade of bloody conflict in Sierra Leone, peace still remains elusive despite the presence of UN peace keepers.

시에라리온에서는 10년 동안이나 유혈 충돌이 있었지만, UN평화유지군이 주둔하고 있는 지금도 평화는 요원하기만 하다.

12. In fact, the police now give cell phone users a guide as to how not to get ripped off.

★ 어휘/어구

- as to 어떤 측면에 있어서, ~라는 점에 관하여, ~에 관하여

  예시) The doctor will give you a guide as to how much you should weigh.

- get ripped off 강도를 당해 모든 것을 빼앗기다; 물건 등에 대해 바가지를 쓰다

  예시) I got ripped off on E-bay. What do I do?

  나 이베이에서 바가지 썼어. 어떻게 하지? (이베이는 우리나라의 옥션 같은 곳)

13. Do not give your personal information away over the phone or with any other means.

★ 어휘/어구

- give away 별 생각 없이 무엇인가를 그냥 주어버리다. 혹은 대가를 바라지 않고 그냥 무엇인가를 주다

  예시) He says he is going to give away all his wealth to charity upon his death.

- over the phone 전화로, 전화통화를 통해

  예시) I bought this new computer over the Internet.

  나 이 새 컴퓨터 인터넷으로 샀어.

14. First off, weren't the police supposed to catch the criminals first, not warn people to beware?

★ 어휘/어구

- first off 먼저, 우선, 첫번째로

- beware 조심하다, 주의하다. 명령문의 형태로 많이 쓰임.

  예시) Buyer beware! 구매자들이여, 조심하라. 결국 구매할 때의 위험부담은 구매자가 지는 것이므로, 무엇인가를 구매할 때, 최대한 신중하라는 문구 syn. caveat emptor

15. I know police are always playing catch-up. Scammers are always one step ahead of the game.

★ 어휘/어구

- play catch-up 스포츠나 게임 등에서 상대방을 따라잡기 위해 애쓰다
- one step ahead of the game 게임이나 경주, 추격을 할 때, 누가 한 발 앞서있다는 말

  예시) Pioneers are always one step ahead of the game, exploring uncharted territory.
  개척자들은 항상, 아무도 가지 않은 땅을 탐험하며, 한 발 빠르게 움직이고 있다.

16. They're not trying to round up those basta… sorry, bad people.

★ 어휘/어구

- round up 경찰이나 군인 등이 잘못한 사람을 잡아들이다

  예시) Police said Sunday they have rounded up more than 1000 people during an ongoing nationwide crackdown on loan sharks.
  경찰에 따르면, 지난 일요일, 전국적으로 벌이고 있는 악덕 대부업자들에 대한 단속 과정에서 천 명 이상을 체포했다고 합니다.

17. To be fair, we can't just put the blame squarely on the police.

★ 어휘/어구

- to be fair 공평하게 얘기하자면. 앞서 비판적인 내용에 이어, 사실 따지고 보면 이런 측면도 고려해 줘야 한다는 점을 이야기 할 때, 문두에 씀

  예시) To be fair, it was not his fault.
  사실 따지고 보면, 그 사람 잘못은 아니다.

- put the blame on 누구에게 탓을 돌리다. 잘못한 데 대한 탓을 누구에게 돌린다는 말

  예시) The easiest way to lose my respect is to not take responsibility for your actions or putting the blame on somebody else.
  내 존중을 잃을 수 있는 가장 쉬운 방법은 네 스스로의 행동에 대해 책임을 지지 않거나, 남

탓을 하는 것이야.
= 자기 행동에 책임을 지지 않고, 남 탓만 하면 난 널 존중해줄 수 없어.
- squarely 바로 정확히, 다른 곳이 아닌 어느 곳으로만
예시) I kicked him squarely in the head. 그 사람 머리를 정확히 차버렸다.

18. After all, their hands are tied.

★ 어휘/어구

- hands are tied 손이 묶여 있다. 즉, 여건 때문에 할 수 있는 일이 없다.

19. Mobile carriers sell text messages in bulk to several named corporations who then sell them in smaller groups to an untold number of small and big buyers.

★ 어휘/어구

- in bulk 묶어서, 한꺼번에
 예시) They sell them off in bulk to another re-tailor at a reduced rate.
 그 사람(기업)들은 그걸 또 묶음으로 또 다른 소매업자에게 할인된 가격으로 팔아치운다.
- untold number (정확히 알 수 없는) 많은

20. Among these buyers are those scammers who send text message en masse to random cell phones.

★ 어휘/어구

- en masse (불어) 한꺼번에, 우르르, 집단으로 syn. in droves
 예시) An estimated 200 union demonstrators assembled and attempted to gain entrance to the store en masse.
 약 200명의 시위대가 모여서 매장 안으로 우르르 진입하고자 했다.

★ 구문
- Among these buyers are scammers 이들 구매자들 중에 사기꾼들이 있다.

  비교) scammers are among these buyers 사기꾼들이 이들 구매자들 중에 있다.

  ☞ 사기꾼을 뒤로 빼서 반전의 뉘앙스를 의도.

  예시) In the box was a finger. 상자 안에 있는 것은, 바로… 손가락이었다.

  비교) A finger was in the box. (단순히 '도치'라고 생각하고 넘어가는 것이 아니라 뉘앙스 차이를 숙지하는 것이 중요)

21. They leave a fake callback number on your phone, so basically there's no way to trace the message back to the sender.

★ 어휘/어구
- callback number 발신자 번호
- trace something back to~ 어떤 물건/증거물을 추적해 원래 소유자를 찾아내다

  예시) Now, investigators have traced the gun back to Quigley, a Kentucky man who purchased it illegally in 1997 then sold it to cover his rent.

  현재 경찰은, 총기 소유주가 퀴글리씨였다는 것을 밝혀냈다. 켄터키 주에 거주하는 퀴글리씨는 총기를 1997년 불법으로 구했다가, 월세를 내기 위해 판매했다.

22. In fact, we have a great piece of legislation pending in the National Assembly intended to do just that.

★ 어휘/어구
- legislation 입법/법/법안 경우에 따라 '입법절차' 자체를 지칭하거나, 아직 통과되지 않은 상태의 '법안'을 지칭하기도 하고, 대통령의 서명까지 마친 '법'을 지칭하기도 한다.
- pending 계류중. 아직 최종 결정/통과를 앞두고 있는 상태를 지칭

  비교) patent pending 특허출원중 (특허를 요청한 상태로 아직 특허가 주어진 것은 아님)

  예시) Comprehensive health care reform legislation is still pending in Congress, but 36 state legislatures have already taken steps to undermine key aspects of the legislation.

통합건보개혁법은 아직 의회에 계류 중이지만, 36개 주의 주 의회는 벌써 해당 법안의 중요 안건들에 문제를 삼기 위한 조치를 취한 상태다.

- do just that 바로 그걸 한다. 하나의 표현으로 숙지

   예시) You said you would never dump me. But you're doing just that now.

   날 절대 차지 않겠다고 했잖아. 그런데 니가 지금 하고 있는 게 바로 그거잖아. (차는 것)

23. So those of us potential victims of smishing should just keep our fingers crossed and delete any suspicious-looking text messages for now.

★ 어휘/어구

- keep one's fingers crossed 좋은 결과가 있기를 기원(기도)하다

   예시) I have an important exam tomorrow. Please keep your fingers crossed for me.

   내일 중요한 시험이 있어. 행운을 빌어줘.

- for now 일단 현재로서는. (앞으로는 어떻게 될 지 모르지만)

16.
THE DUMBEST MISTAKE I'VE EVER MADE

I just love cars, the coolest ones. Although I drive a 7-year-old Hyundai, like every man in the world, I have the 'car of my dreams'. You sometimes spot a cool set of wheels on the street, and you can't take your eyes off of it. Small but powerful two-seaters are not exactly my cup of tea though. Porches are awesome, but I'd rather drive a Jeep Grand Cherokee or a Wrangler. A Cadillac Escalade is next on the list. Volkswagen Touaregs are cool. They're not especially prohibitively expensive, but I always settle for a Huyndai or Honda in the end.

I guess I love SUVs because I need a big trunk. I'm a fishing enthusiast, and fishing gears never fit into the tiny trunk of a BMW sedan. Why not the X5 series, you might ask. They're good ones, but BMWs are the most price-inflated motor vehicles in Korea. An X5 is a little bit shy of $60,000 in the U.S., tax included. The same model costs more than $90,000 here. They're ripping us off. Well, I shouldn't complain. I can't afford one either way. But you know the car of your dreams is called that because you can have it only in your dreams.

Enough of those SUVs I want to have. Let me get to the dumbest mistake I've ever made. It was when the Infiniti M37 was just rolled out. That was probably 2011. I was walking down the street when I spotted the newest M37 stopping at a light. I was stunned. It was beautiful. I slowed down a bit, glued to the shiny, pearl-white car on the road. I was actually planning to buy that one. Fishing could wait, I had decided. Now I was turning my head back to look at the car. Bang! The next thing I knew, I was lying on the street. People were looking at me, apparently worried. In fact, I remember seeing some of them laughing at me. That's right. I bumped into a light pole or a utility pole. It was only after I stood up and walked away that the pain started to come full force. The entire right side of my forehead was swelling and tender to touch. What an idiot, I thought to myself.

1. Although I drive a 7-year-old Hyundai, like every man in the world, I have the 'car of my dreams'.

   ★ 어휘/어구

   - a 7-year-old Hyundai 7년 된 현대차. 몰고 있는 차를 얘기할 때는 몇 년 되었거나 몇 년식 인지를 앞에 쓰고 뒤에 제조회사(브랜드)와 차 이름을 쓰는 경우가 많다.

     예시) I drive a 2002 Chevrolet Impala.

   - car of my dreams 한국에선 '드림카'라고 하지만 정작 dream car는 기술적 진보를 통해 인류가 꿈꾸는 궁극의 차라는 의미가 강하다.

2. You sometimes spot a cool set of wheels on the street, and you can't take your eyes off of it.

   ★ 어휘/어구

   - spot 무엇인가를 (다른 비슷한 많은 것들 틈에서) 집어내다/찾아내다.

     예시) I'm the only student with red hair in the whole 3rd grade. It's easy to spot me in the choir.

     3학년에서 빨간 머리는 나밖에 없다. 그래서 합창단에 다른 친구들과 같이 있어도 날 찾기는 쉽다.

   - a set of wheels 바퀴세트 (네 바퀴 + steering wheel) 자동차를 이르는 구어체

   - can't take one's eyes off of something 무엇으로부터 (예쁘거나 멋져서) 눈을 뗄 수가 없다.

     예시) I saw 황우슬혜 on the street. I couldn't take my eyes off of her.

3. Small but powerful two-seaters are not exactly my cup of tea though.

   ★ 어휘/어구

   - two-seater 2인승 자동차. (보통 스포츠카)

   - my cup of tea 내 취향, 내 스타일

예시) A: I really don't understand why so many guys are so 'fond' of 수지. She is not exactly my cup of tea.

B: Hey, you've just turned half the population into your enemies.

4. A Cadillac Escalade is next on the list.

★ 어휘/어구

- next on the list 목록에서 그 다음이다. 순위가 어느 정도인지를 설명

5. They're not especially prohibitively expensive, but I always settle for a Huyndai or Honda in the end.

★ 어휘/어구

- prohibitively 보통 뒤에 expensive와 어울려 '너무 비싸서 못 살 정도'라는 의미
- prohibit은 공식적으로 특정 물질이나 행동을 금지한다는 동사. prohibitively expensive는 특정 물건을 못 사게 만들 정도로 비싸다는 뜻으로 파생
- settle for (더 욕심부리지 않고)어느 선으로 만족하다.

  예시) Should women settle for Mr. Good Enough.. or hang on for Mr. Right?
  여자는 그냥 괜찮은 남자 정도로 만족해야 할까 아니면 천생연분을 끝까지 찾아 헤매야 할까.

6. I'm a fishing enthusiast, and fishing gears never fit into the tiny trunk of a BMW sedan.

★ 어휘/어구

- enthusiast: a person who is very interested in a particular activity or subject and who spends a lot of time on it.

  예시) Dave has been a fishing enthusiast his whole life. Growing up in the Midwest, he took many trips to the Lakes of Wisconsin and Michigan.

데이브는 평생 낚시광으로 살아 왔다. 어릴 때, 미드웨스트 지역에 살면서 위스콘신 호수와 미시건 호수로 낚시 여행을 많이 다녔다.
- fishing gear 낚시장비 비교) football gear; fitness gear
- fit into 맞게 들어가다, 공간이 넉넉하다. (비유적으로) 잘 적응해서 편입되다

예시) Just because I want a tattoo does NOT mean I will never fit into society!
내가 문신을 하고 싶다고 해서 사회에 절대 적응하지 못하는 것은 아니다.

7. They're good ones, but BMWs are the most price-inflated motor vehicles in Korea.

★ 어휘/어구
- price-inflated 가격 거품이 많이 낀, 쓸데 없이 비싼
- motor vehicle: a road vehicle driven by a motor or engine, especially an internal-combustion engine (모터나 엔진(특히 내연기관)으로 움직이는 도로 위로 운행하는 교통수단) 보통 '자동차'를 이르는 가장 포괄적이고 formal한 말

8. An X5 is a little bit shy of $60,000 in the U.S., tax included. The same model costs more than $90,000 here. They're ripping us off.

★ 어휘/어구
- shy of 액수, 수치 등이 얼마에서 조금 모자라다

예시) Methane's concentration in the modern atmosphere is a little bit shy of 2 parts per million by volume (ppm), compared to roughly 0.72 ppm in 1750.
메탄가스의 대기농도는 1750년 0.72ppm이었던 것이, 지금은 2ppm이 조금 안 된다.
- rip off 강도질 하다, 바가지 씌우다

9. I can't afford one either way.

★ 어휘/어구

- either way = one way or the other 어느 쪽이든

  예시) He says he was at home that night and didn't go to the movies. Either way, he is in big trouble now.

  그 사람은 그날 밤 집에 있었고, 영화를 보러 가지 않았다고 한다. 어쨌건(집에 있었건 영화를 보러 갔건), 그 사람 이제 큰일 났다.

10. Enough of those SUVs I want to have. Let me get to the dumbest mistake I've ever made.

★ 어휘/어구

- enough of 이제 그 정도면 충분해. 이제 그건 고만 해야지

  예시) Enough of the talk about diets. I want to talk about cars.

  이제 다이어트 얘기는 진저리가 나. 자동차 얘기나 하자구.

- get to 화제를 어느 쪽으로 돌리다

  예시) Let me get straight to the news of Michael Jackson's death.

  자, 바로 마이클 잭슨 사망사건 소식으로 넘어가 보죠.

11. It was when the Infiniti M37 was just rolled out.

★ 어휘/어구

- roll out 새로운 제품, 특히 자동차를 내놓다, 발표하다, 출시하다

  예시) Apple has just rolled out the newest update to its Apple TV.

  애플이 이번에 애플TV 최신 업데이트를 발표했다.

12. I was walking down the street when I spotted the newest M37 stopping at a light. I was stunned.

★ 어휘/어구

- spot 눈에 확 들어와서 식별해 내다

　예시) I'm the only one with red hair in the whole 3rd grade. So it's easy to spot me in the school choir.

- stop at a light 신호등에 걸려 차량 등이 멈춰서다
- stun (멋진 것이나 놀라운 것을 대하게 되어) 번개를 맞은 것처럼 깜짝 놀라다

　비교) stunning

　예시) Heterochromia. One eye is green, the other blue. They're stunning.
　이안증이네요. 한쪽 눈은 초록색, 다른 쪽은 파란색. 정말 완전 멋져요.

★ 구문

- when의 사용. 뒤에서부터 '해석'하지 말고 차례대로 이해

　예시) She was walking home from work one evening when she got the idea.
　그 생각이 났을 때, 그 여자는 퇴근하고 집에 오는 길이었다. (△)
　그 여자는 퇴근하고 집에 오다가 그 생각이 번뜩 떠올랐다. (○)

13. I slowed down a bit, glued to the shiny, pearl-white car on the road.

★ 어휘/어구

- glued 접착제로 어딘가에 붙인다는 말. 관심이 가는 것을 보면서 눈을 떼지 못하는 상황을 표현

　예시) How often have you glanced over to see a driver whose eyes are glued to his cell phone? The statistics are sobering.
　운전자가 핸드폰을 뚫어지게 보고 있는 상황을 얼마나 자주 보셨나요? 통계수치를 보면 문제의 심각성이 느껴집니다.

14. Fishing could wait, I had decided.

★ 어휘/어구

- wait 일의 순서를 따질 때, 그건 나중에 해도 된다는 말

  예시) Mom! I need to get my homework done now! 엄마, 나 지금 숙제 해야 돼

  That could wait, son. Come over and help me with this! 그건 나중에 해도 돼. 이리 와서 이것 좀 도와줘!

15. Bang! The next thing I knew, I was lying on the street.

★ 어휘/어구

- bang (총소리) 탕! (부딪히는 소리) 쾅!
- (the) next thing I knew, 눈을 떠보니; 정신을 차리고 보니. 순식간에 벌어져서 어떻게 된 영문인지 잘 모르겠다는 의도를 표현

  예시) A car came speeding round the corner, and the next thing I knew I was lying on the ground. 차가 빠른 속도로 코너를 돌고 있었다. 정신을 차리고 보니 난 바닥에 누워 있었다.

16. People were looking at me, apparently worried.

★ 어휘/어구

- apparently 딱 보니까. 겉으로 보기에는 분명히.

  예시) He is apparently very upset with me. 딱 보니까 나한테 제대로 화가 난 것 같아

★ 구문

- ,worried. 걱정된 모습으로.

  예시) The dog sat beside me, panting. 개가 내 옆에 앉아 헐떡거리고 있었다.

  예시) We had our breakfast, crest-fallen, so to speak.

  우린 아침을 먹었다, 말하자면 '풀이 죽은 채로'.

16. I bumped into a light pole or a utility pole.

★ 어휘/어구

- bump into 무엇인가에 부딪히다.

  예시) Two new swimmers started crowding my lane, occasionally bumping into me.

  두 사람이 내 레인으로 자꾸 밀고 들어오더니 이따금씩 나랑 부딪히는 것이었다.

- light pole 가로등
- utility pole 전신주, 전봇대

17. It was only after I stood up and walked away that the pain started to come full force.

★ 어휘/어구

- walk away 그냥 가버리다. 관심이 없어지거나 싫어지거나 그 자리가 싫어 자리를 뜨다

  예시) Dude, I would just walk away from the relationship and be done with it all.

  이봐, 나라면 그냥 그런 관계는 정리하고 (관계로부터 떠나버리고) 다 잊어버릴 거야.

- come full force 있는 힘껏, 총력을 다해, 최대한, 확 다가오다

  예시) Jangma downpour came full force today in Seoul.

  오늘 서울에는 본격적인 장맛비가 내렸다.

★ 구문

- it was only after 무엇을 하고 나서야 어떤 일이 있었다. 특히 그 시점을 강조하고자 할 때 씀

  예시) It was only after I got married that I knew something about romantic relationships.

  결혼을 하고 나서야 남녀관계에 대해 뭔가 알게 되었다.

18. The entire right side of my forehead was swelling and tender to touch.

★ 어휘/어구

- forehead 이마
- tender 부드럽다, 여리다, 약하다, 건드리기만 해도 아프다 tender to touch 건드리면 아프다

  예시) Well about four months ago I noticed that to the left of my belly button it was tender to touch.

  한 네 달쯤 전에, 배꼽 왼쪽으로 건드리면 너무 아픈 것이었다.

17.
SENSITIVE TO NOISES

I have no idea where it came from, but I'm very sensitive to loud noises. Especially honking from a big truck just freaks me out. I just can't stand it. I was waiting for the subway the other day when the subway train was approaching the station. It suddenly blew its horn. It felt like a thunder. I just lost it and fell full length on the ground, out of, I don't know, fear, shock? You name it. People stared at me.

It seemed like I was the only one startled by the darn noise. My embarrassment soon turned into anger. I thought 'why do subway trains blow their horns? What's the point?' Well I guess I already know the answer. They're warning whoever is near the track. The same thing happened a couple of times on the street when a huge tractor trailer or a truck was passing by, honking like crazy.
I wish I could spend my retirement years at a small farm of my own, raising dogs and occasionally going fishing, and what not. You won't have to worry about freaking out then.

1. I have no idea where it came from, but I'm very sensitive to loud noises.

   ★ 어휘/어구

   - I have no idea where it came from .. 그게 어떻게/왜 그러기 시작했는지는 모르겠다
   그런 성향이 어떤 경험이나 선천적인 이유로 생겨난 것인지는 모르겠다.

2. Especially honking from a big truck just freaks me out. I just can't stand it.

   ★ 어휘/어구

   - honking 경적(소리)
   - freak me out 나를 깜짝 놀라게 한다. 경악하게 한다.

3. It suddenly blew its horn. It felt like a thunder.

   ★ 어휘/어구

   - blow one's horn 차량이 경적소리를 내다
   - feel like a thunder 천둥소리 같은 느낌이다 (주어가 해당 '소리'라는 점에 유의. I felt like a thunder가 아니라 It felt like a thunder.)

4. I just lost it and fell full length on the ground, out of, I don't know, fear, shock? You name it.

   ★ 어휘/어구

   - lose it (너무 놀라거나 해서) 정신을 잃다, 까무러치다

     예시) He just lost it. The man in charge. I barely got out alive.
     그 사람은 그냥 정신을 잃어버렸어. 그 담당자 말야. 난 간신히 살아서 도망 나왔지.

   - fall full length 벌렁 나자빠지다, 넘어져서 쭉 뻗다
     - You name it. 당신이 말해봐. 여러 가지를 나열할 때, 그걸 뭐라고 부를지 모르니, 여러

개 중에서 하나만 골라도 된다는 말. 어쨌든.

예시) What would you like? Gin, vodka, lager, wine? You name it, we've got it.
뭘로 할래? 진, 보드카, 라거맥주, 와인? 말만 해. 다 있으니까.

5. It seemed like I was the only one startled by the darn noise.

★ 어휘/어구

- startle 화들짝 놀라게 하다. 수동형으로도 많이 씀
- darn / damn의 완곡한 표현

6. They're warning whoever is near the track.

★ 구문

- whoever is near the track 철로 근처에 있는 사람은 누구나

7. The same thing happened a couple of times on the street when a huge tractor trailer or a truck was passing by, honking like crazy.

★ 어휘/어구

- tractor trailer 큰 짐이나 컨테이너를 싣고 다니는 큰 트럭. 트레일러

★ 구문

- honking like crazy / passing by, honking like crazy 지나가면서 마구 경적을 울려대다

예시) He whizzed past me on his bike, singing 'Knock knock knocking on heaven's door'.
그 남자는 자전거를 타고 내 앞을 휙 지나가면서 ~라고 노래를 흥얼거리고 있었다.
(~라고 노래를 흥얼거리면서 지나갔다.)

8. I wish I could spend my retirement years at a small farm of my own, raising dogs and occasionally going fishing, and what not.

★ 어휘/어구

- retirement years 퇴직 후의 삶, 생활
- a farm of my own ≒ my own farm
- and what not = etc.; and so on;

18.
OMELETTE

It's raining cats and dogs outside. I hunker down in front of the door, waiting for Jack, my lord, and looking at the doorknob. The door jars open. It's him. I carry the slippers right before him. He looks worn out, almost dead. He doesn't even give a look at me and trudges over to the fridge. He takes eggs, two of them, plods over to the kitchen and breaks them open into a bowl. He doesn't even bother to stir up the eggs. I run over to shake them up, but he approaches, takes the bowl and puts the eggs in the frying pan on the gas stove. Oh no, the flame is too big, he'll ruin the omelette. I rush to the stove and turn down the gas.

He gets some vegetables, spreads them on a cutting board and takes a big, sharp kitchen knife. He is half asleep. He is about to cut his own fingers. No! I bark. He turns back at me. I tip over the trash can with one of my hind legs, all sweaty. He sighs and comes over. I run to the counter top, cut the vegetables myself, put them into a bowl, take it to the frying pan and throw them in. I look back at Jack. He is still cleaning up the little mess I made. I put a pinch of salt and some spice in the pan. He is putting the last bit of trash back in the bin. No time. I have yet to flip the egg sheet. Yeah! I did it. I turn off the gas stove, give a finishing touch to the omelette and get back to my food bowl. Thank God he didn't notice. He gets in the room, sits down on the couch in front of the TV and is about to eat the omelette.

I sit beside the couch looking at him with a smiley face, panting. He lifts me up and puts me onto the couch to his right. He puts his first spoonful of the omelette into his mouth but spits it out right away. There was a dog biscuit in it. He looks out at the biscuit box, then back at me. My tongue darts out and swipes my lips. He gives me a hug and a kiss. I take a bite at the omelette he offers, wagging my tail. We are a happy family.

1. It's raining cats and dogs outside.

   ★ 어휘/어구

   - raining cats and dogs / set phrase로, 비가 매우 많이 오고 있다는 말

2. I hunker down in front of the door, waiting for Jack, my lord, and looking at the doorknob.

   ★ 어휘/어구

   - hunker down 쪼그리고 앉아있다.
     예시) As he hunkered down with others in a banquet room, the storm plowed through, sounding like a roaring jet plane.
     연회장 안에 다른 사람들과 웅크러 앉고 나니까 폭풍이 마치 굉음을 내는 제트기처럼 불어 닥쳤다.
   - doorknob 문 손잡이

3. The door jars open.

   ★ 어휘/어구

   - jar open (문 등이) 끼익 소리를 내면서 열리다

4. He looks worn out, almost dead. He doesn't even give a look at me and trudges over to the fridge.

   ★ 어휘/어구

   - worn out (물건 등이) 닳아 있다. (사람이) 완전히 지치다
     예시) He was worn out, but it was impossible to sleep.
   - trudge 힘이 빠지거나 풀이 죽어 터덜터덜 걷다

예시) Takeo trudged over to his usual lunch table with Kuroi and plopped down into his seat.

타케오는 쿠로이와 평소 점심을 먹는 테이블로 터벅터벅 걸어가서 자리에 털썩 앉았다.

5. He takes eggs, two of them, plods over to the kitchen and breaks them open into a bowl.

★ 어휘/어구

- two of them 두 개. 그냥 two와는 느낌이 다름.

  예시) I'm married with kids. Two of them.

  나 결혼도 했고 애들도 있어. 둘이야.

  비교) I'm married with two kids. 난 결혼했고 애 둘이 있어.

- plod 지쳐서 터벅터벅 걷다 ≒ trudge
- break them open 계란 등을 깨다 (깨서 열다)

  예시) He spotted a coconut palm, beat down some of its fruit, broke them open, and we drank their milk and ate their meat with a pleasure.

  그 남자는 야자나무를 발견해서, 열매 몇 개를 깎아서 쪼갰다. 그리고 우리는 너무 맛있게 야자수를 마시고 열매를 먹었다.

6. He doesn't even bother to stir up the eggs.

★ 어휘/어구

- not even bother to 귀찮고 무얼 하려 들지도 않는다

  예시) I was so worn out that I didn't even bother to open the book.

- stir up 마구 휘젓다; 분위기를 엉망으로 만들어 놓다

7. Oh no, the flame is too big, he'll ruin the omelette.

★ 어휘/어구

- flame is big (가스레인지, 모닥불 등의) 불이 너무 세다
- ruin + 음식 / 재료를 잘못 쓰거나 요리를 잘 못해서 음식을 (맛없게) 망쳐놓다

8. I rush to the stove and turn down the gas. He gets some vegetables, spreads them on a cutting board and takes a big, sharp kitchen knife.

★ 어휘/어구

- turn down the gas 가스레인지 불을 줄이다

　비교) turn down the volume 볼륨을 줄이다. (돌려서 내리는 느낌)

- cutting board 도마

9. He is half asleep. He is about to cut his own fingers.

★ 어휘/어구

- half asleep 반쯤 잠들어 있다. 잠이 덜 깬 상태다 half 용법에 유의

　예시) He was sitting on a chair, with his eyes half closed.

10. He turns back at me. I tip over the trash can with one of my hind legs, all sweaty.

★ 어휘/어구

- turn back at ~에게 몸, 시선 등을 돌리다

　예시) Matt turned back at me, smiling as he hugged me.

- tip over 기울여서 넘어뜨리다

　예시) I accidentally tipped over my Xbox 360 and I'm afraid it's broken.
　실수로 내 Xbox360을 넘어뜨려서 고장 났을까봐 걱정이다.

- hind legs 뒷다리
- all sweaty 완전히 땀에 젖은

  문장을 끝내고 뒤에 '형용사'를 써서 추가적인 정황을 설명.

  예시) I stared at him, confused. 난 혼란스러운 눈빛으로 그 사람을 쳐다 봤다.

  (난 그 사람을 쳐다봤다, 혼란스러운 채로)

11. I look back at Jack. He is still cleaning up the little mess I made.

★ 어휘/어구

- look back 돌아보다. 한 번 보았던 곳에서 고개(시선)를 돌렸다가 다시 그 쪽을 보다

  예시) He turned away and walked off, but I really wanted him to look back at me.

  예시) Looking back today, my thoughts seem foolish.

  지금 돌이켜 생각해보니, 내 생각이 어리석었다.

- clean up (말끔히, 모두) 치우다

  비교) clean 청소하다

  예시) I used to clean the floors at McDonald's.

  난 맥도날드에서 바닥 청소를 했었다.

  예시) You did this. You clean this up. 당신이 이 모양을 만들어 놨잖아. 당신이 싹 치워.

12. I put a pinch of salt and some spice in the pan. He is putting the last bit of trash back in the bin.

★ 어휘/어구

- a pinch of salt 소금 조금; 엄지와 검지로 집은 만큼(a pinch)의 소금
- (trash/garbage) bin 쓰레기통

13. I have yet to flip the egg sheet.

★ 어휘/어구

- have yet to 아직 해야 한다. 해야 하는데 아직 다 못했다.

예시) I have yet to submit the report.

나 그 리포트 아직 제출 못했어. (해야 하는데)

- egg sheet 얇게 펴 익힌 달걀요리

14. I turn off the gas stove, give a finishing touch to the omelette and get back to my food bowl.

★ 어휘/어구

- finishing touch 마무리 작업, 마무리 손질, 마감

예시) Now that you know how to wrap your gift, give it a finishing touch by tying a square knot!

이제 선물 포장법을 알았으니, 옭매듭을 해서 선물상자 포장을 마무리 하자.

15. He lifts me up and puts me onto the couch to his right.

★ 어휘/어구

- to his right 그 사람 오른쪽에

예시) I sat to his left. 난 그 사람 왼쪽에 앉았다.

16. My tongue darts out and swipes my lips.

★ 어휘/어구

- dart 다트화살, 다트 화살처럼 순식간에 움직이다

예시) These are also fairly bold frogs which can be seen frequently and don't dart for

cover as fast as some other species.
이 개구리 녀석들은 용기가 대단한데, 자주 눈에 띄지만 다른 녀석들처럼 숨으려고 잽싸게 도망가거나 하지 않는다.

17. I take a bite at the omelette he offers, wagging my tail.

★ 어휘/어구

- take a bite 한 입 베어 물다. take a bite at 대상물에 입을 대고 물다

  예시) This hungry crocodile may have bitten off more than it could chew when it took a bite at the head of this zebra.
  이 배고픈 악어는 얼룩말의 머리 쪽을 꽉 물었지만, 너무 욕심을 부린 것 같다. (씹을 수 있는 것보다 많은 양을 입에 넣다, 이디엄)

  예시) I think you've bitten off more than you can chew.

- wag the tail (강아지가) 꼬리를 흔든다.

19.
DRINKING

My father, now 70, just loved drinking. The one place most frequented by my father in his 30s and 40s was this rickety little bar called 'Fountain'. Well, now I kind of see how those people in America talk of 'watering holes' after all. I remember my mother sending me and my younger brother off to bring our drunk dad home late at night. But he was nothing like an abusive father. He was a hard-working and loving dad with a lot of down-to-earth skills under his belt. Still, I kind of hated when dad talked gibberish while 'under the influence'.

Thirty years on, his love of drinks has waned along with his strength. But now my children have a thirsty soul in their house, and that's me. I don't get plastered or anything. I know when to stop. I moderate. But I just love drinks, all kinds of them. Barring a couple of 'memorable' episodes I presented my wife with, I never got myself involved in some drinking-related 'accidents'. I'm not a mean drunk.

Some of my friends and their friends, however, have had some hilarious experiences that I'm going to share now.

This man, in his 50s now, was found by a janitor one morning sleeping in a parking lot. He had his shoes taken off and neatly arranged right out of the parking line. Another friend of mine found a microphone in his briefcase in the morning. He had probably inadvertently taken it from a 'noraebang' he went to the night before. But these rather funny episodes pale in comparison to this one. It was in the early 2000s. This guy, then in his late 20s, found himself lying on a beach in Busan after a crazy night in Seoul. He still has no idea how he took the 400-km trip to Busan. His drinking buddies say they got out of a bar in Seoul at around 11 p.m. the night before and went home.

A recent report says Korea is second only to Russia and a couple of European countries in the average amount of alcohol consumed in the world. That says something about the increasing drunk-driving accidents here. Let's hope that at least things don't get any worse than now.

1. The one place most frequented by my father in his 30s and 40s was this rickety little bar called 'Fountain'.

    ★ 어휘/어구
    - frequent 동사로 자주 드나들다
        예시) What websites are most frequented by nerds, geeks, dorks and weirdos?
    - rickety 금방이라도 쓰러질 것 같은 (건물, 구조물)
        예시) In Ireland, there is a wonderful, rickety little bar built on stilts about 1/4 mile offshore.
        아일랜드에는 육지에서 바다로 약 0.25마일 떨어진 곳에 나무 기둥 위에 세워진 위태로워 보이지만 멋진 조그만 바가 있다.

2. Well, now I kind of see how those people in America talk of 'watering holes' after all.

    ★ 어휘/어구
    - watering hole (비격식) 술집, 바(bar)
        예시) He found a restaurant that was once a cosmopolitan watering hole for actors and writers in Warsaw.
        그 남자는 예전에 여러 국가의 배우나 작가들의 드나드는 술집이었던 한 식당을 바르샤바에서 발견했다.

3. I remember my mother sending me and my younger brother off to bring our drunk dad home late at night.

    ★ 어휘/어구
    - send someone off 심부름이나 중요 임무를 위해 누구를 '급파'하다
        예시) He sent me off to testify about the importance of high-quality science education and asked that I report back on the proceedings.

그는 양질의 과학교육의 중요성에 대해 증언하도록 나를 보냈고, 나중에 심리가 어떻게 진행되었는지 보고하라고 했다.

4. But he was nothing like an abusive father.

★ 어휘/어구

- nothing like 전혀 그렇지 않다

  예시) He is nothing like a good teacher. 그는 좋은 선생님과는 거리가 멀다.

5. He was a hard-working and loving dad with a lot of down-to-earth skills under his belt.

★ 어휘/어구

- down to earth 현실적이고, 실용/실질적인

  예시) Our training teaches practical, down-to-earth skills that help solve real work challenges and issues.

- get/have something under one's belt 훈련이나 공부 등을 통해 노하우나 기술 등을 잘 습득하고 있다.

  예시) Even with all that knowledge under his belt, writing novels was no small task. 그 모든 지식을 잘 습득하고 있었지만, 소설을 쓰는 것은 결코 쉬운 작업이 아니었다.

6. Still, I kind of hated when dad talked gibberish while 'under the influence'.

★ 어휘/어구

- gibberish 횡설수설하는 말. 주로 talk gibberish의 형태로 쓰임

  예시) He was talking gibberish about things and would walk off muttering to himself all the time. 그 남자는 이것 저것 말도 안 되는 말을 하다가, 혼자서 계속 뭐라고 하면서 가버리는 것이었다.

- under the influence (of alcohol) 술 취해 있는

　　예시) Driving under the influence is one of the riskiest behaviors you can do.

7. Thirty years on, his love of drinks has waned along with his strength.

★ 어휘/어구

- on "계속"의 의미를 지녀, 기간과 함께 쓰임.

　　예시) Thirteen years on from the terrorist attacks, we're still left vulnerable to major security breaches.

　　9/11 테러 이후 13년이 지난 지금도 우리는 여전히 안보위협에 취약한 상태다.

- wane 서서히 힘이나 정도가 줄거나 사그라지다

　　예시) Her popularity has waned along with her income.

　　인기와 함께 수입도 줄어들었다.

8. But now my children have a thirsty soul in their house, and that's me.

★ 어휘/어구

- thirsty soul 목마른 영혼 ☞ 술 좋아하는 사람

　　예시) Yes, I'd call Bill a thirsty soul, he always seems thirsty for booze.

　　그래, 빌은 술꾼이야. 항상 술을 고파하지.

9. I don't get plastered or anything. I know when to stop. I moderate.

★ 어휘/어구

- get(be) plastered 만취하다, 술이 떡이 되다

　　예시) What's the cheapest alcoholic drink to get plastered?

　　만취하는데 돈이 제일 덜 드는 술은 무엇일까요?

- moderate 과하지 않도록 조절하다, 적절한 선에서 그만두다

10. Barring a couple of 'memorable' episodes I presented my wife with, I never got myself involved in some drinking-related 'accidents'.

★ 어휘/어구

- barring ~를 빼고, ~가 없다면

  예시) Many people still believe they could dramatically improve their foreign language skills in something like half a year. Barring some sort of revolution, that's not going to change.

  많은 사람들은 여전히 뭐, 한 6개월 안에 외국어 능력이 크게 좋아질 수 있다고 믿는다. 혁명 같은 것이라도 일어나지 않는 한, 그런 상황은 변하지 않을 것이다.

11. I'm not a mean drunk. Some of my friends and their friends, however, have had some hilarious experiences that I'm going to share now.

★ 어휘/어구

- a mean drunk 주사가 심한 사람, 술버릇이 고약한 사람

  예시) My boyfriend is a mean drunk. I don't even recognize him when he becomes this way which thank god is not often.

  제 남자친구는 술버릇이 고약해요. 다행이 이렇게 되는 경우는 많지 않지만, 이런 꼴이 되면 남자친구는 완전히 딴사람이 되요.

- hilarious 재미있고 우스운, 흥미를 돋우는

  예시) A police officer for 34 years, Hill saw some sad and some hilarious events during the course of his career.

  힐씨는 34년간 경찰관으로 일하면서, 슬픈 일, 재미있는 일을 많이 보아왔다.

12. This man, in his 50s now, was found by a janitor one morning sleeping in a parking lot.

★ 구문

- was found (by someone) doing something

예시) He was caught by his wife sipping vodka in the bathroom.

비교) His wife caught him sipping vodka in the bathroom.

13. He had his shoes taken off and neatly arranged right out of the parking line.

★ 구문

- had his shoes taken off 신발을 벗어놓았다 (보니까 신발이 벗겨져 있었다)

비교) too his shoes off 신발을 벗었다. (신발을 벗는 행위가 중심)

- arrange 정리해놓다

예시) I have neatly arranged the pile of books on my bed.

책 더미를 침대 위에 가지런히 정리해 놓았다.

14. He had probably inadvertently taken it from a 'noraebang' he went to the night before.

★ 어휘/어구

- inadvertently 어쩌다 보니, 무심코, 그러려고 그런 것이 아닌데

예시) He has inadvertently left his wallet containing identification at the crime scene.

실수로 신분증이 들어있는 지갑을 범죄현장에 두고 갔다.

15. But these rather funny episodes pale in comparison to this one.

★ 어휘/어구

- pale in comparison to 저것과 비교해보면 이것은 아무 것도 아니다

예시) Mt. Halla pales in comparison to the Alps.
한라산도 알프스산과 비교하면 뒷동산에 불과하다.

16. A recent report says Korea is second only to Russia and a couple of European countries in the average amount of alcohol consumed in the world.

★ 어휘/어구

- second only to 누굴 빼면 1등이다. 누구에 이어 2등이다 비교) second to none

예시) Minnesota is second only to New Hampshire in terms of the best states to live in.
미네소타 주는 뉴햄프셔에 이어 가장 살기 좋은 주로는 2위이다.

예시) The beauty of this lake is second to none in California.
이 호수의 아름다움은 캘리포니아에서 1위이다.
(이 호수는 캘리포니아에서 제일 아름답다.)

17. That says something about the increasing drunk-driving accidents here.

★ 어휘/어구

- that says something 시사하는 바가 있다, 어떤 점을 보여준다

예시) She always says no when people ask her to do them a favor. That says something about her personality.
그 사람은 사람들이 뭐 좀 부탁하면 항상 안 된다고 한다. 그 사람 인성이 대충 어떤 지 알 것 같다.

20.
TROLLS

Like everyone else I get my news on line. I can't imagine living without the Internet. It feels like a whole new civilization the size of the existing one has popped into being. What's particularly good about the online world is that you're invisible there. People from all walks of life can now express their opinions to a large audience that didn't even exist in the world without the Internet. But anonymity on the Internet is proving to be both a boon and a bane. The new civilization was, it turns out, home to a nasty species called 'trolls'.

These people leave comments like, 'Good thing this guy is finally dead' or 'You're better dead than living like this'. These are some of the comments that you could have seen after reading about a 17-year-old American kid with Progeria, a terminal condition which causes aging at a rapid pace, who died about a month ago. These people are pests that are turning the online world into a land of savages one comment at a time.

Trolling is defined as the act of posting derogatory, inflammatory or provocative messages in public forums. It's as old as the Internet itself. We all know about the immense harm it is doing to our collective psyche. So, many wonder why the police aren't doing something about this. We only hear occasional reports of a celebrity suing someone who makes up a disgusting story on line about him/her. Left unchecked, trolling will deprive the Internet of its role as a prime tool with which to disseminate information and knowledge. All the well-intentioned comments will get drowned out by these inflammatory ones.

Some may argue denying Internet users anonymity is an attempt to take away their freedom of expression and privacy. They may also point to the fact that some people will continue to leave rude or derogatory comments even under their real names anyway. But one thing is clear. You're supposed to take responsibility for what you say.

Several years ago, Choi Jin-shil, a famous actress, killed herself after a completely falsified story about her was made up by some anonymous Internet user and a herd of trolls persistently attacked her like blood-hungry hyenas. Her brother took his own life two years later. Her former husband in 2013.

Korea loves boasting of being the most 'wired' country in the world. Shame on us. We're the most 'weird' country in the world.

1. It feels like a whole new civilization the size of the existing one has popped into being.

★ 어휘/어구
- pop into being '짠잔' 하고 생겨나다

★ 구문
- new civilization the size of the existing one 기존 문명 크기의 새로운 또 다른 문명
☞ a piece of rock the size of a bull 황소만 한 크기의 바위

예시) When it comes to making the most of limited spaces, the Japanese never fail to amaze. An ultra-small house in Tokyo in this picture built on a piece of land the size of a one-car parking space is a case in point.

제한된 공간을 최대로 활용하는 데 있어서, 일본인들은 가히 놀랄 만 한 능력을 가지고 있다. 이 사진에 있는 도쿄의 초소형 집은, 자동차 한 대의 주차공간 크기의 땅에 지어졌는데, 이를 보여주는 대표적인 사례다.

2. People from all walks of life can now express their opinions to a large audience that didn't even exist in the world without the Internet.

★ 어휘/어구
- all walks of life 사회의 각계각층

예시) People from all walks of life are invited to submit their suggestions for a better future of India.

3. But anonymity on the Internet is proving to be both a boon and a bane.

★ 어휘/어구
- anonymity 익명성, 무명

예시) I've gotten a lot of donations from friends, family and even some anonymous donors which is amazing!

- prove to (처음에는 분명치 않거나 몰랐지만) 점차 어떻다는 것이 명확히 드러나게 되다

    예시) Finding a job is proving to be harder than I thought.

- a boon and a bane 약과 독 / 좋은 것과 나쁜 것 / 도움이 되는 것과 해가 되는 것

    예시) Science is a boon and a bane. It depends on us how we take it and how we use it!

4. The new civilization was, it turns out, home to a nasty species called 'trolls'.

★ 어휘/어구

- turn out (처음에는 분명치 않거나 몰랐지만) 알고 보니 어떻다

    예시) It turns out that he wasn't trying to help us. He was trying to help himself.

    알고 보니 그 사람은 우리를 도우려고 한 것이 아니라 자기 이득만 챙기려고 한 것이었다.

- home to 누구에게 집이다; 어디에 무엇/사람이 있다

    예시) Dokto is home to hundreds of endangered plant and animal species.

    독도에는 수백 종의 멸종위기 동식물이 서식하고 있다.

    예시) Korea is now home to a million foreign residents.

    한국엔 이제 백만에 달하는 외국인들이 살고 있다.

- troll (스칸디나비아의 전설에 나오는) 요정/괴물 / 인터넷상의 악플러

    예시) Trolling has long been a pastime of bored Internet users.

    악플을 다는 행위는 할 일 없는 인터넷 사용자들이 오랫동안 취미 삼아 해왔던 일이다.

5. These people leave comments like, 'Good thing this guy is finally dead' or 'You're better dead than living like this'.

★ 어휘/어구

- good thing (뒤에 절을 수반해) 어떻게 되어 잘 됐다, 다행이다

    예시) Good thing they have a bathroom around here.

6. These people are pests that are turning the online world into a land of savages one comment at a time.

★ 어휘/어구

- pest 해충, 인간에 해가 되는 동물, 성가신 것

  예시) The grain mites are pests of food and feed products, like cereals and dried vegetable materials. 가루응애(알곡 진드기)는 시리얼이나 말린 채소와 같은 음식이나 사료제품을 좀먹는 해충이다.

- savage 문명의 혜택을 못 받은 야만인, 예의를 모르는 인간

★ 구문

- turn ~ one ~ at a time 무엇을 할 때마다 조금씩 무엇을 어떻게 바꾸어놓다

  예시) By leaving some good-spirited, well-mannered comments on line, you can change the one-line world one comment at a time.
  인터넷에서 좋은 댓글을 남길 때마다 여러분은 인터넷을 조금씩 더 좋은 곳으로 바꿀 수 있습니다.

7. Trolling is defined as the act of posting derogatory, inflammatory or provocative messages in public forums.

★ 어휘/어구

- derogatory 경멸조로 비난하는, 그런 성격의 (글, 말, 발언 등)

  예시) Some derogatory terms are so taboo you might as well plan for a jury trial.
  일부 원색적인 용어들은 절대 사용하면 안 되는 것들이다. 잘못하면 고소당할 수도 있다.

- inflammatory 발화성의, 발언 등이 논란을 야기할 만큼 심한, 선동적인

  예시) I steer clear of online forums where derogatory and inflammatory comments are routinely made.
  난 비난성 혹은 선동적인 댓글들이 많은 사이트는 피하는 편이다.

8. We all know about the immense harm it is doing to our collective psyche.

★ 어휘/어구

- immense 엄청나게 큰, 거대한

  예시) More importantly they willfully refuse to acknowledge the immense harm it is causing to innocent gay and lesbian youth and their families.
  더 중요한 것은, 그들이 의도적으로, 그런 행위가 동성애자들과 그 가족에게 야기하는 위해를 인정하려 들지 않는다는 점이다.

- collective 집단, 단체, 공동체의(와 관련된)

  예시) The principle of collective defense is at the very heart of NATO's founding treaty.
  공동방어의 원칙은 나토의 창립조약의 핵심이다.

- psyche 정신, 마음, 정신세계

  비교) collective psyche 공동체의 정신세계, 우리 모두의 마음

9. We only hear occasional reports of a celebrity suing someone who makes up a disgusting story on line about him/her.

★ 어휘/어구

- make up 없는 것(이야기)을 지어내다, 가짜로 만들어내다

  예시) You fool! Santa is not for real. It's all made up.

★ 구문

- hear reports of celebrity / suing 연예인에 관한 기사를 듣는다. 그 연예인이 누구를 고소한다 ☞ 연예인이 누구를 고소한다는 내용의 기사에 관해 듣게 된다.

  예시) I read a report about the recession taking a toll on ordinary Americans.
  침체가 미국의 일반 시민들에게 피해를 주고 있다는 보도를 읽었다.

10. Left unchecked, trolling will deprive the Internet of its role as a prime tool with which to disseminate information and knowledge.

★ 어휘/어구

- uncheck 감시나 조절 등을 하지 않는다. 보통은 unchecked의 형태로 주로 쓰임
- deprive 보통 of와 함께 쓰여 누구로부터 무엇을 앗아간다는 의미로 쓰임

    예시) They deprived me of the joy of having a loving father.
    그 놈들은 내게서, 사랑하는 아빠를 가질 수 있는 권리를 빼앗아 갔어요.

- disseminate 정보나 지식 등을 다른 사람들에게 '전한다'는 뜻

★ 구문

- left unchecked ☞ If trolling is left unchecked, trolling will ~의 구문에서 뒤에 중복되는 trolling을 빼고 if도 같이 생략한 형태

    예시) Asked if they would come, 70% said yes. 올거냐고 묻자 약 70%는 그러겠다고 답했다. ☞ When they were asked if they would come ~의 형태에서 when they were 를 생략한 형태

11. All the well-intentioned comments will get drowned out by these inflammatory ones.

★ 어휘/어구

- well-intentioned 좋은 의도의, 좋은 생각을 가지고 쓴(한)
- get (be) drowned out 말, 소리가 다른 더 큰 소리에 의해 묻힌다는 말

    예시) Don't let the election rigging scandal get drowned out by some gambling issues with those celebrities. 선거부정 사건이 연예인 도박 문제로 덮여 버리도록 해선 안된다.

12. Some may argue denying Internet users anonymity is an attempt to take away their freedom of expression and privacy.

★ 어휘/어구

- deny 용법.

    예시) He denied me access to the file.

그 사람이 나에게 그 파일에 대한 권한을 거부했다.

(내가 그 파일을 못 보게 했다)

예시) You can't deny him the opportunity just because he is black.

그 사람이 흑인이라고 그 사람에게 그 기회를 거부하면 안 된다.

- take away (강제로) 빼앗아가다, 앗아가다

   예시) He took her away from me.

13. They may also point to the fact that some people will continue to leave rude or derogatory comments even under their real names anyway.

★ 어휘/어구

- point to 어떤 주장의 근거로 특정 사실이나 증거물 등을 가리키다

   예시) The prosecutor pointed to the gun found at the crime scene as evidence that the defendant is guilty. 검사는 범죄현장에서 발견된 총기를, 피고가 살인혐의에 대해 유죄라는 증거로 제시했다.

   예시) Officials pointed to the documents to claim the surveillance programs are restrained.

   관리들은 감시프로그램이 제한적으로 운용되고 있다는 주장을 하기 위해 그 문건들을 제시했다.

- anyway 보통 문장 뒤에 써서, 상황이 바뀌어도 어차피 큰 차이는 없다는 말을 하고자 할 때.

   예시) Try giving him money. He won't do it anyway.

- under real names 부사구로, 어떤 일을 할 때, 본인의 실명이 기록되거나 확인될 수 있는 상태에서 한다는 말을 하고자 할 때.

   예시) Starting June, you're allowed to post a message only under your real name.

14. Several years ago, Choi Jin-shil, a famous actress, killed herself after a completely falsified story about her was made up by some anonymous Internet user and a herd of trolls persistently attacked her like blood-hungry hyenas.

★ 어휘/어구

- falsify 거짓으로 조작해서 만들어내다 (특히, 이야기, 루머, 문서 등)

    예시) Is the Bible a falsified document?

- herd 소떼 등의 동물 무리 혹은 사람들의 무리

    예시) A herd of protesters dressed as elephants have brought attention to the issue of fur coats.

- hyena 하이에나. 발음/강세에 유의

15. Korea loves boasting of being the most 'wired' country in the world. Shame on us. We're the most 'weird' country in the world.

★ 어휘/어구

- wired 선으로 연결된. 특히, 인터넷, 핸드폰 등 소통을 위한 기술이 잘 발달되어 있다는 뜻으로 파생

    예시) Arguably the most wired country in the world, South Korea has led in mobile adoption since the 1990s.

    모르긴 해도 전 세계에서 가장 인터넷 통신 기술이 발달해 있는 한국은 1990년대에 이후 이동통신 기기를 사용하는데 있어 선두를 달려왔다.

21.
BLOOD DONATION

We're running seriously short of donated blood, and public efforts to encourage donation are now common. However, we're often told blood is in short supply year round. The real concern is that lack of blood often means not enough drugs to go around.

A drug called 'albumin' supplements blood protein levels, making it an essential ingredient in complicated or emergency operations. If the drug is not available when needed, organ recipients, accident victims, burn victims and the like could experience precipitous drops in blood pressure prompting a shock, which could even take their lives. Albumin is made of blood. With blood in perennial short supply, not enough of it is available in hospitals. So they're 'skimping' on it, allowing it only in emergencies.

Albumin is specifically made of 'serum'. However, since donors are a rare species, securing enough serum from donors is impossible. You could import parts for manufactured goods, but it's a different story when it comes to blood or its components.

We can hardly afford to sit and wait for more donors to come forward. We must do whatever we can to head off an even more perilous crisis. In case a full-blown 'blood crisis' hits the nation, those with deep pockets will find a way out. But, what about those of us living on a shoestring budget? The impact might only be felt by the rank and file. Blood donation is not a choice. It is now an essential civic responsibility.

1. We're running seriously short of donated blood, and public efforts to encourage donation are now common.

★ 어휘/어구

- run short of 무엇이 부족하다, 점차 부족해지다

　비교) run out of

　예시) Terrorist groups are running short of suicide-bombers and foot soldiers; many of them are suffering from war fatigue also.

　테러 단체들은 자살폭탄테러범들과 실전투입 요원들이 부족한 상황이다. 또 상당수는 전쟁 피로에 허덕이고 있다.

2. However, we're often told blood is in short supply year round. The real concern is that lack of blood often means not enough drugs to go around.

★ 어휘/어구

- be told 누구로부터 직접 얘기를 듣다. hear와 비교

　예시) I was told to shut up. 나보고 입다물라고 했다. (직접 들음)

　비교) I heard I have to shut up. (△) 직접 들은 것인지 거쳐서 들은 것인지 알 수 없음

- be in short supply 공급량이 부족한 상황이다

　예시) With the flu sweeping the country, the flu vaccine is now in short supply.

- year round 연중, 일년 내내

- go around 물건, 식량 등이 사람들에게 돌아가다

　예시) There are not enough textbooks to go around.

3. A drug called 'albumin' supplements blood protein levels, making it an essential ingredient in complicated or emergency operations.

★ 어휘/어구

- supplement (동사로) 부족한 부분을 추가하여 보충해주다

    예시) I would like a reputable home business to supplement my income.
    소득을 좀 보충해줄 만 한, 집에서 할 수 있는 믿을 만 한 부업을 하나 하고 싶다.

4. If the drug is not available when needed, organ recipients, accident victims, burn victims and the like could experience precipitous drops in blood pressure prompting a shock, which could even take their lives.

★ 어휘/어구

- recipient 수혜자, 받는 사람

    예시) The results showed that the recipients of the drug did not improve more than those who received the placebo.
    결과를 보니, 그 약을 복용한 사람들은 위약을 받은 사람들보다 더 상황이 개선된 것은 아니었다.

- and the like = and what not = etc.
- precipitous 갑자기 급한 경사로, 급격하게

    예시) The precipitous drop in coal prices last year has delayed some projects.
    지난 해 석탄 가격이 급락하면서 일부 프로젝트가 연기됐다.

- prompt (동사로) 직접적인 원인 역할을 해 어떤 일을 유발시키다

    예시) The aircraft yawed violently to the left, prompting an immediate go-around.
    항공기가 왼쪽으로 갑자기 크게 기울면서, 곧장 방향을 선회하게 되었다.

5. With blood in perennial short supply, not enough of it is available in hospitals. So they're 'skimping' on it, allowing it only in emergencies.

★ 어휘/어구

- perennial 연중, 한 해 내내. 어떤 일이 끊이지 않고 계속된다는 느낌 강조

  예시) He is annoyed by those perennially late students.

  항상 늦는 학생들 때문에 신경 쓰인다.

- skimp on: to spend less money or time on something than is normal or necessary

  예시) If a company really is as cheap as they claim to be, you have to wonder where they are skimping on costs.

  회사가 정말 광고하는 만큼 싸다면, 비용을 어느 부분에서 덜 쓰고 있는지를 알아봐야 한다.

★ 구문

- with 구문

  예시) With her own baby on her back, Binti Jua picked up the young boy.

  자기 새끼를 등에 업은 채, 빈티 주아(고릴라)는 그 남자아이를 들어올렸다.

  예시) With the bear in the back seat, they drove 17 miles to a park ranger station.

  곰을 뒷좌석에 태운 채, 17마일을 차로 움직여, 공원관리소로 갔다.

6. Albumin is specifically made of 'serum'. However, since donors are a rare species, securing enough serum from donors is impossible.

★ 어휘/어구

- a rare species 희귀종. 비유적으로, 찾아보기 힘든 류의 사람들, 동물들을 지칭

  예시) It is a well-known fact that female media executives are a rare species.

  미디어 업계에 여성 간부가 거의 없다는 것은 이미 잘 알려진 사실이다.

- secure (힘들여) 손에 넣다, 확보하다; If you secure something that you want or need, you obtain it, often after a lot of effort.

7. You could import parts for manufactured goods, but it's a different story when it comes to blood or its components.

★ 어휘/어구

- parts 공산품/기계 등의 부품

  예시) Parts suppliers have been even harder hit in many cases than the automakers by the steep drop in auto sales since last fall.

  지난 가을부터 자동차 매출이 급감하자, 자동차 제조업체보다도 더 큰 타격을 입은 부품 공급업체들이 많았다.

★ 구문

- it's a different story 어떤 측면에 관해 말하자면 이것은 상황이 완전히 다른 것이다

  예시) If you catch a common cold, you can just sit back and wait. But with pneumonia, it's a different story.

8. We can hardly afford to sit and wait for more donors to come forward.

★ 어휘/어구

- hardly 절대 아니다 (not이나 never보다 어울리는 상황이 많음)

  예시) He is great-looking, but he is hardly my cup of tea.

  잘생기긴 했지만 내 타입은 절대 아냐

- come forward (도움을 주는 등의 목적으로) 앞으로 나서다

  예시) I wish young people would come forward to preserve our past.

  젊은 사람들이 좀 나서서 우리 과거를 보존할 수 있으면 좋겠다.

9. We must do whatever we can to head off an even more perilous crisis.

★ 어휘/어구

- head off 어떤 나쁜 일이 일어나기 전에 미리 수를 써서 미연에 방지하다

  예시) Parents, teens, teachers, counselors and law enforcement must work together to head off the terrible reality of children hurting children.
  부모와, 십대 아이들, 교사, 상담자, 경찰이 모두 나서 협력하여, 아이들 사이에서 발생하는 폭력을 미연에 방지해야 한다.

- perilous (formal) (상황 등이) 아주 위험한

  예시) They set out on a perilous journey to the Arctic.
  북극을 향한 위험한 여정을 시작했다.

10. In case a full-blown 'blood crisis' hits the nation, those with deep pockets will find a way out.

★ 어휘/어구

- in case 뒤에 that절(節) 이나 of구(句)로 연결되어 '가정'의 의미로 쓰임

  예시) In case of a fire, get straight to the exit.
  화재가 발생하면(발생할 경우) 곧장 출구로 가라.

  예시) In case a full-blown war breaks out, head south immediately.
  전면전이 일어나면, 바로 남쪽으로 향해 떠나라

- full-blown 모든 특성을 갖추어 완전한 그 본 모습을 하게 된

  예시) Why did the Cold War never escalate into a full-blown war?
  냉전은 어째서, 전면전 사태까지 번지지 않았을까.

- deep pockets 충분한 자금, 재력, 재원

  예시) How do I hire top talent when I don't have deep pockets?
  돈은 별로 없는데 인재를 구하려면 어떻게 해야 할까요?

- a way out 출구, 나갈 길. 곤경에 빠진 상황에서 헤어나갈 수 있는 방법

11. But, what about those of us living on a shoestring budget? The impact might only be felt by the rank and file. Blood donation is not a choice. It is now an essential civic responsibility.

★ 어휘/어구

- live on a shoestring budget 얼마 안 되는 돈으로 근근이 살아가다
- the rank and file 특권 계층이 아닌 일반인 (ordinary members of a group or an organization)

    예시) This coming year the rank and file will choose who they want to be their new president.

- civic 시민의, 시민과 관련된

    비교) civic responsibility 시민으로서의 책임

    예시) A lot of civic groups are protesting against the new law.

    많은 시민단체들이 그 법에 반대하고 있다.

22.
DOG MEAT

I don't eat dog meat. I just can't imagine enjoying it as a source of culinary delight. But when I see some news reports from America and other western countries, I get a little upset at their inaccuracies and their obvious attempt to sensationalize the issue. First off, dog meat is enjoyed by less than 5~10% of the population here. Even those who do enjoy it are mostly in their 50s or older. The younger generations don't see dogs as food. And contrary to the erroneous ideas held by some foreign media, even those who eat dog meat don't even think of 'eating' their own canine family member at home.

But the real issue is not whether or not most Koreans eat dog meat. The prime issue must be about whether eating it is wrong. Historical records show that some parts of European countries had dog meat. Some Chinese and Koreans still do. In the distant past when a lot of us had dog meat, we had it to survive. Hunger was widespread, and beef and pork were too expensive for most people. They had no other source of food when they had to eat it.

More to the point, it is not 'wrong' to eat dog meat. The conventional thinking among most western cultures is that dogs are humans' best friend. But not for us, at least a century ago. You can't condemn people eating foie gras and duck meat just because ducks are your best friend. Don't tell me ducks are not humans' best friend. They are, for some people.

I'm not saying there's nothing wrong with the dog meat eating culture in Korea. What I think should be done now has to do with the laws and regulations. Dogs are a livestock. But unlike cattle and pigs, they're not under the Livestock Processing Act. Simply put, dog meat doesn't exist at least in theory. But you see a lot of dog slaughterhouses where dogs are killed in ways that disgust even dog meat eaters. And that's one of the biggest reasons why Korea is often ridiculed in foreign media. But the authorities refuse to count dogs as a source of food because if they do, it will immediately draw condemnations from many countries and foreign tourists visiting Korea. Turning a blind eye to the issue doesn't make it go away. We must make dog meat legal and regulate slaughterhouses to make sure animal cruelty is severely punished, and I'd also like to urge those people who bristle at the idea of eating dog meat to be rational.

I have two little parrots at home, Bori and Boa. They're adorable. If I ever find out that some Europeans, God forbid, enjoy parrot meat, I would hate them. But I would choose to just look away. That's what we all should do.

1. I don't eat dog meat. I just can't imagine enjoying it as a source of culinary delight.

★ 어휘/어구

- culinary 요리/음식과 관련된.

  비교) culinary delight 음식이 주는 즐거움, 미식. 경우에 따라 맛있는 음식이 많은 지역을 지칭하기도 함.

  예시) Istanbul is a culinary delight no matter what your budget.

  이스탄불에 가면 가격을 막론하고 음식이 모두 맛있다.

2. But when I see some news reports from America and other western countries, I get a little upset at their inaccuracies and their obvious attempt to sensationalize the issue.

★ 어휘/어구

- get upset 화나게 된다.

  비교) get mad

  예시) Don't get mad at me. I've done nothing wrong.

  나한테 화내지마. 난 잘못한 것 없어.

- sensationalize 선정적으로 다루다, 일부러 이슈를 만들어내다

  예시) We are not trying to sensationalize this story, but have to note that the fallout is profound.

  이 소식을 이슈화하려는 것은 아니지만, 그 여파가 심각하다는 것은 꼭 짚고 넘어가야겠다.

3. First off, dog meat is enjoyed by less than 5~10% of the population here. Even those who do enjoy it are mostly in their 50s or older.

★ 어휘/어구

- first off 먼저, 첫번째로, 다른 것도 있지만 이것부터 시작하자는 느낌. 구어체
  first of all; to begin with

4. And contrary to the erroneous ideas held by some foreign media, even those who eat dog meat don't even think of 'eating' their own canine family member at home.

★ 어휘/어구

- erroneous 잘못된 (정보, 가정, 이론 등) error에서 파생
  예시) The police acted on an erroneous assumption that the killer was a male.
  경찰은 살인자가 남성일 것이라는 그릇된 가정을 근거로 수사에 착수했다.
- thing of something/someone as something/someone
  예시) I thought of him as my brother.
  난 그 사람을 내 남동생/형처럼 생각했다.
- canine 개(dog)의 형용사. 유머러스하게 표현할 때 (우리 말 '견공'처럼)
  예시) What kind of dog food do you feed your canine family member?
  집에 있는 애완견 어떤거 먹이세요?

5. More to the point, it is not 'wrong' to eat dog meat.

★ 어휘/어구

- more to the point 보통 문두에 써서, "더 중요한 것은" 혹은 "논지에 더 가까운 부분을 언급하자면"
  예시) He has been a professional dancer for 10 years. Or more to the point, he has always been a hard worker.
  그 사람은 10년 동안 댄서로 일했다. 더 중요한 것은 그 사람이 항상 무엇을 할 때는 열심히 했다는 것이다.

6. The conventional thinking among most western cultures is that dogs are humans' best friend.

★ 어휘/어구
- conventional 관습적인, 그간 익숙해온, 재래식의
    비교) conventional wisdom (통념. 일반적으로 사람들이 가져온 생각)
    비교) conventional weapons (재래식 무기. 최첨단 무기가 아닌, 총기나 대포 등)
    예시) Conventional wisdom tells us that marriage is a failing institution.
    사람들은 일반적으로 결혼이라는 것이 점차 그 기능을 상실하고 있는 제도라고 생각한다.
- dogs are humans'(man's) best friend 서구에서 기정사실로 받아들이고 있는 문구

7. You can't condemn people eating foie gras and duck meat just because ducks are your best friend.

★ 어휘/어구
- condemn (특히 도덕적인 문제로) 비난하다, 규탄하다, 공개적으로 탓하다
    예시) People condemn gambling because they believe it ruins your sanity.
    사람들이 도박을 비난하는 이유는, 도박을 하면 이성적인 사고를 할 수 없게 되기 때문이다.
- foie gras 푸아그라, 프랑스의 거위 간 요리. (거위를 강제로 살찌워 간을 채취하는 방식 때문에 비난을 받기도 하는 식재료)

8. Don't tell me ducks are not humans' best friend. They are, for some people.

★ 구문
- don't tell me~ 그런 얘기 마라 (설마 그럴 리는 없다)

예시) Mom, where's the syrup? It's not in the refrigerator. / Don't tell me we're out. I'm sure we had some.

엄마, 시럽 어디 있어요? 냉장고에는 없는데요?

설마 다 떨어지진 않았을 텐데. 분명히 조금 남았었는데.

9. What I think should be done now has to do with the laws and regulations.

★ 어휘/어구

- have to do with 무엇과 관련이 있다.

  비교) related with 만 고수하지 말자

  예시) The robbery has nothing to do with me! I'm innocent.

  그 강도사건은 나랑 아무 관계 없어요! 난 결백하다구요!

★ 구문

- What I think should be done 내가 생각하기에 이루어져야 하는 일은; 내가 보기에 꼭 필요한 일은

  예시) Is he doing what I think he is doing? 그 녀석이 지금 하는 짓이 그거 맞아?

  예시) Did you just say what I think you just said? 뭐라구?

  (설마 그 말을 내게 한거야? / 내가 지금 니가 했다고 생각한 말을 진짜 니가 한거야?)

10. Dogs are a livestock.

★ 어휘/어구

- livestock 농장 등에서 기르는 소나 양 따위의 가축을 이르는 말

11. Simply put, dog meat doesn't exist at least in theory.

★ 어휘/어구

- simply put 간단히 말하면. (간단히 표현되자면) = to put it simply

    비교) as ~ (사람/매체) put it 그 사람(매체)이 표현한 바를 이용하자면

    예시) As Mr. Han put it, life is more about the journey than about the destination.

    한씨의 말을 빌자면, 인생은 목적이 아니라 과정이다.

12. But you see a lot of dog slaughterhouses where dogs are killed in ways that disgust even dog meat eaters.

★ 어휘/어구

- slaughterhouse 도축/도살장

    비교) slaughter 학살(을 자행하다)

- dog meat eater 개고기를 먹는 사람

    비교) meat-eater

    예시) T-rex was one of the biggest meat-eaters.

    티라노사우르스는 육식공룡 중에는 가장 몸집이 큰 녀석들 중 하나였다.

    예시) No, thanks. I'm not a meat-eater.

    감사해요. 그런데 제가 채식주의자거든요.

★ 구문

- in ways(a way) that 어떤 식으로. 용법이 매우 다양하고 유용한 영어 표현

    예시) To do something funny, you have to have experienced it in real life and digested it in a way that amuses you.

    뭔가 재미있는 것을 하려면, 실제 삶에서 그것을 경험해보고, 스스로에게 만족스럽도록 소화했어야 한다.

13. And that's one of the biggest reasons why Korea is often ridiculed in foreign media.

★ 어휘/어구

- ridicule 조롱하다, 비웃다 make fun of

  예시) The strike to raise minimum wage has been ridiculed by various news stations as a ridiculous attempt by teenagers and young adults alike.

  여러 방송국에서는 최저임금을 올려달라는 그 시위가 십대와 20대 젊은이들이 주도한 말도 안 되는 해프닝이라며 비웃었다.

14. Turning a blind eye to the issue doesn't make it go away.

★ 어휘/어구

- turn a blind eye to 보고도 못 본체 하다

  비교) turn a deaf ear to

  예시) The president has been criticized for turning a deaf ear to the desperate calls for help from poor people.

- make it go away 그걸 사라지게 하다

  예시) A: You want to see this dead frog? B: No!! Make it go away.

  이 죽은 개구리 좀 볼래? / 으아! 빨리 치워!!

15. We must make dog meat legal and regulate slaughterhouses to make sure animal cruelty is severely punished, and I'd also like to urge those people who bristle at the idea of eating dog meat to be rational.

★ 어휘/어구

- bristle at 사람이나 상황 등에 대해 격분하는 반응을 보이다. 사자 등 동물이 흥분해서 갈기나 털을 세우는 모습을 묘사하는 데서 파생

예시) He bristled at the suggestion that he was like his father.

그 사람은 그 사람이 아버지 같다는 말에 크게 화를 냈다.

16. They're adorable.

★ 어휘/어구

- adorable 아기나, 동물 등이 깨물어주고 싶을 정도로 예쁘고 귀엽다는 말. 아기를 보면 예상 하는 것이 좋음^^

예시) A: Hey, is this your baby? Wow she is…. a baby!

B: What do you mean? Of course she's a baby

A: Right. I mean. She is … adorable.

17. If I ever find out that some Europeans, God forbid, enjoy parrot meat, I would hate them.

★ 어휘/어구

- God forbid 그런 일은 절대 없겠지만; 절대 없기를 바라지만. 별도의 구문으로 쓰기도 하나, 문장 중간에 삽입하여 쓰는 경우도 많음.

예시) If he, God forbid, says "no", well, then, you might as well leave him now.

그 사람이 혹시.. 물론 안 그러길 바라지만, 싫다고 하면, 지금 헤어지는 것이 나아.

23.
HOSPICE

We have an estimated 580,000 cancer patients and annually 60,000 of them succumb to cancer. No one would want to have to confront this formidable foe during their lifetime. Still, if it comes, there's nothing you can do. You just wait for the Grim Reaper to come.

Treating cancer is your first concern. There's no question about it. But then, if imminent death is inevitable, it's our responsibility as a society to help them meet death with dignity.

That's what hospice programs are all about. Terminally ill cancer patients go to a hospice facility usually within a couple of months of death, where they get necessary care and share time with their families preparing for their last moments of life. There, patients aren't left alone to wait for death but feel gratitude to the life as they knew it. Care givers are on call 24/7 in case they need help for pain relief or respiratory emergencies.

All in all, hospice is a program designed to help terminally ill patients face death with dignity and experience virtually no pain. That means a lot because a majority of terminally ill cancer patients go through the unnecessary and painful chemotherapy and die in pain in the end.

Only around 600 hospice beds are available around the country, less than a quarter of what's needed. No wonder, then, a third of patients with incurable cancer are put on unnecessary chemotherapy until they're diagnosed to be within one month of death and pass away in pain.

By nature, hospice facilities require a lot of medical staff, which adds to the already higher costs. After all, hospitals just can't 'afford' hospice facilities. In fact, some hospitals are cutting the number of beds available in ICUs and emergency rooms out of financial concern. You just can't force hospitals to go 'altruistic' and add more hospice wards. We have a government for a reason. Why not cut some budget here and there and make some more hospice beds available?

1. We have an estimated 580,000 cancer patients and annually 60,000 of them succumb to cancer.

★ 어휘/어구

- an estimated = about 수치를 대략적으로 표현할 때 수치 직전에 씀. 반드시 부정관사 'a'를 붙인다는 점 유의

    비교) a whopping ~ ; a staggering ~ ; a mere ~

    예시) A whopping 200,000 gathered on the central square.

- succumb to 무섭거나 강력한 것 혹은 질병 앞에 무릎을 꿇다. 질병일 경우, 그 질병을 극복하지 못하고 죽는다는 말

    예시) She died 'of a broken heart' three weeks after her husband succumbed to cancer leaving their three children orphans.

2. No one would want to have to confront this formidable foe during their lifetime.

★ 어휘/어구

- formidable: If you describe something or someone as formidable, you mean that you feel slightly frightened by them because they are very great or impressive. 엄청난, 가공할 만 한; 힘이나 적, 극복해야 할 과제 등을 묘사할 때 주로 쓰임

    예시) American forces faced a formidable enemy and a hostile environment in Iraq.

    미군은 이라크에서 강적과 미국에 적대적인 환경과 마주했다.

- foe 적 (문어체; 격식을 차린 말)

3. You just wait for the Grim Reaper to come.

★ 어휘/어구

- the Grim Reaper 긴 낫을 들고 있는 서양의 '저승사자'

    예시) If the grim reaper showed up at your door what would you do?

문 앞에 저승사자가 나타나면 어떻게 할 것인가.

4. But then, if imminent death is inevitable, it's our responsibility as a society to help them meet death with dignity.

★ 어휘/어구

- inevitable 어떻게 해도 피할 수 없는, 결국 이루어지게 될

    예시) I would say yes, their eventual defeat was inevitable because, by most accounts, Hitler had become irrational.
    그들이 결국 패한 것은 피할 수 없는 일이었다고 말하고 싶다. 왜냐하면, 대부분 사람들의 말을 들어 보면, 히틀러는 비이성적이었기 때문이다.

- meet death with dignity 존엄성을 갖고 죽음을 맞이하다.

    안락사를 논할 때 자주 언급되는 문구. 통증으로 고통 받으며 비참하게 죽는 것이 아니라, 결국 죽게 된다면 편안하게 임종을 준비하며, '인간답게' 죽을 수 있어야 한다는 믿음을 반영하는 문구

5. That's what hospice programs are all about.

★ 어휘/어구

- what ~ is all about. 그게 다야. 어떤 문제의 핵심은 무엇이라는 표현을 할 때 씀

    예시) Love is all about understanding. 사랑은 이해야.
    예시) Care. That's what love is all about. 관심. 사랑은 관심이다.

6. Terminally ill cancer patients go to a hospice facility usually within a couple of months of death, where they get necessary care and share time with their families preparing for their last moments of life.

★ 어휘/어구

- terminally ill 시한부 인생을 살고 있는. 회복 가능성이 없는 질병을 앓고 있고, 결국 가까운 미래에 사망할 것이 확실시 되는

★ 구문

- within a couple of months of death 임종을 두 달 앞두고 있는; 두 달 안에 사망할

예시) Sarah Catt, 35, of North Yorkshire was found guilty of using a drug to terminate her unborn baby within a week of its due date.

North Yorkshire에 살고 있는 35세의 사라 캣씨는 출산예정일을 일주일 앞두고 강제낙태를 시키기 위해 약물을 이용한 혐의에 대해 유죄판결을 받았다.

7. There, patients aren't left alone to wait for death but feel gratitude to the life as they knew it.

★ 어휘/어구

- gratitude 감사 (문어체)

예시) I would like to extend my heart-felt gratitude to all of you who are here today despite your busy schedule.

바쁘신 와중에도 자리를 빛내주신 여러분께 심심한 감사의 말씀을 드립니다.

- life as they knew it 그들이 경험해 알고 있는 인생.

예시) Once you get married, the life as you know it will be gone once and for all.

결혼하면 인생 끝이다. 결혼하면 이전까지의 인생은 끝나고 완전히 다른 인생이 시작될 것이다.

8. Care givers are on call 24/7 in case they need help for pain relief or respiratory emergencies.

★ 어휘/어구

- on call 비상시를 대비해 항상 대기 중이다

예시) With rare exception, working for a celebrity family means that you are on-call 24/7.
아주 흔치 않은 예외가 있긴 하지만, 연예인 가족을 위해 일한다는 것은 1년 365일 언제라도 일을 할 준비를 하고 있어야 한다는 뜻이다.

- respiratory 호흡기, 호흡과 관련된

9. All in all, hospice is a program designed to help terminally ill patients face death with dignity and experience virtually no pain.

★ 어휘/어구

- all in all 전반적으로, 이 모든 것을 통합해 볼 때; When everything is considered

예시) All in all, he is a nice guy who takes responsibility.

- virtually 거의, 사실상 ≒ practically

10. That means a lot because a majority of terminally ill cancer patients go through the unnecessary and painful chemotherapy and die in pain in the end.

★ 어휘/어구

- chemotherapy 화학요법치료, 항암치료

예시) The purpose of this article is to do everything in my power to help those that have made the choice to go through chemotherapy.

이 글의 목적은, 화학요법을 받기로 결정한 환자들을 위해 필자가 할 수 있는 한 최대한의 도움을 주기 위함이다.

- in the end 마침내;결국; after or in spite of everything that has gone before; finally

11. No wonder, then, a third of patients with incurable cancer are put on unnecessary chemotherapy until they're diagnosed to be within one month of death and pass away in pain.

★ 어휘/어구

- put somebody on 다이어트, 치료요법, 약물치료 등을 받게 하다

    예시) The doctor put me on a rigorous low-fat diet.

    의사 선생님은 내게 힘든 저지방 식단을 유지하도록 했다.

    예시) Under close supervision of a medical team, 11 people who had developed diabetes later in life were put on an extreme diet of just 600 calories a day consisting of liquid diet drinks plus 200 calories of non-starchy vegetables.

    의료진의 철저한 감독하에, 성인이 되어 당뇨에 걸리게 된 환자 11명은 다이어트 음료와, 탄수화물이 들어있지 않은 야채 200칼로리를 포함해, 하루 600칼로리 밖에 안 되는 극단적인 식단을 유지했다.

12. By nature, hospice facilities require a lot of medical staff, which adds to the already higher costs.

★ 어휘/어구

- by nature 원래, 타고 나기를, 선천적으로

    예시) Although not sinful by nature, humans are vulnerable to temptation.

    인간은 천성적으로 사악하진 않지만, 유혹에는 약하다.

- add to (이미 있던 것에) 더해진다. (그렇지 않아도 큰 것에) 더해져서 더 크게 되다

    예시) This decline in output of major crops is expected to add to the already high inflation.

    주요 농작물 생산량이 떨어짐에 따라, 그렇지 않아도 높은 물가상승률이 더 높아질 것 같다.

13. In fact, some hospitals are cutting the number of beds available in ICUs and emergency rooms out of financial concern.

★ 어휘/어구

- cut 수나 양 등을 '줄인다'는 말로 가장 광범위하게 쓸 수 있는 말

    예시) In a bid to cut costs, New York University one of the most expensive colleges in the country is cutting back on the number of safety officers.

미국에서 가장 비싼 대학교 중 하나인 NYU가 비용 절감을 위해, 경비원 수를 줄이고 있다.

- ICU intensive care unit 중환자실

14. You just can't force hospitals to go 'altruistic' and add more hospice wards.

★ 어휘/어구

- altruistic 자신의 안위와 이해가 아닌 타인의 행복과 이해를 먼저 생각하는; 이타적인

  예시) Even if you are not so altruistic, there is a good reason to save gas.

  그렇게 이타적인 사람이 아니라도, 기름을 절약해야만 하는 이유는 있다.

- ward (병원에서 각 과별로 나뉘는) 병동

  예시) There are a lot of movies about mental wards in psychiatric hospitals.

  정신병원 정신병동에 관한 영화들이 많다.

15. We have a government for a reason. Why not cut some budget here and there and make some more hospice beds available?

★ 어휘/어구

- for a reason (앞에 절과 함께 써서) 다 이유가 있다.

  예시) We have hospitals for a REASON, I suggest that we use them!

  병원이 왜 병원이냐! 병원을 이용해야 병원이지.

  (병원이 있는 것은 다 이유가 있어서 있는 거야. 그러니까 병원을 이용해야지)

- here and there 여기저기서 (물리적 장소나 추상적 개념으로)

  예시) It might be possible to cut some costs here and there in a still relatively healthy economy without causing too much pain.

  아직은 건실한 경제상황이라면, 큰 고통을 유발하지 않고도 여기저기서 비용을 좀 줄일 수도 있을 것이다.

24.
LIVING IN SEOUL ALONE

This is a story contributed by one of my students.

This marks the 8th year of my stay in Seoul. At the start of my life here, I was worried because I had spent the first 20 years of my life in small towns. It was my first venture out of my hometown. I thought to myself, "The dirty air and water is going to kill me. And the city is full of criminals."

Most unnerving of all, Seoul was a scary place for a girl like me living alone. The occasional news reports of murder, sexual harassment or rape cases literally sent a chill down my spine. What if someone gets to know about me and is planning to break into my room! After a talk with my concerned family and friends, I came up with some 'preventive' measures.

Operation: I'm Not Alone. First, put some men's clothes on the drying rack along with mine. I have a brother, so getting some men's clothes was not a problem. Second, ask someone else to get my mail and packages instead. In case my brother comes to visit, get him to get the mail and packages. Third, remain anonymous. I really had a hell of a time trying to live without the fear of a crime. Come to think of it though, I was living in fear.

Then one day, I heard someone screaming 'Help!' That was coming from the girl living next door. I froze. Why in the world is she screaming 'help'? I was then drying my hair. I figured she heard the noise from my hair dryer and was calling for help. I had no idea what was going on, but I couldn't just let it go. "Should I call the police? No, there's no time for that", I thought. I had to do something, but what could a girl like me do? I turned the dryer back on. Then came back the desperate voice. Help!
"If anything happened to her, it's all my fault", I decided. She could be raped or even murdered any time now, and I'm drying my hair.

That's disgusting. I stomped out the door and saw a man living next door to her. He must have been thinking the same thing. I knocked on the door and said. 'Hello? Are you okay?', I said thinking 'How stupid I am. She is not okay. That's why she's screaming.' She moaned 'Please, help'. She was almost weeping. I said 'What's going on? How can I help you?'. I was shivering out of fear. A moment or so later, came this voice.

"I've locked myself in the bathroom.' I was like… what? I know it's better than a heinous crime. But couldn't she just say it instead of screaming for help? I sighed and told her that I would tell the landlord about it. Living alone in Seoul as a girl is a tough job.

1. This marks the 8th year of my stay in Seoul.

★ 어휘/어구

- mark 오늘/이번 주/올해는 어떤 날, 몇 주년이라는 말을 할 때 be동사 대신 써보자

  예시) Today marks the World Water day. 올해는 세계 물의 날이다

2. It was my first venture out of my hometown.

★ 어휘/어구

- venture 모험, 위험이 동반되는 여정

  예시) Selling your product in Hong Kong is not a venture into the realm of the exotic. 홍콩에서 물건을 파는 일이 전혀 새로운 모험은 아니다.

3. Most unnerving of all, Seoul was a scary place for a girl like me living alone.

★ 어휘/어구

- unnerving 불안하고 걱정하게 만드는

  예시) All in all, it was a pretty unnerving ten minutes as this man kept yelling. 이 남자가 계속 10분 동안 소리지르는 상황은 전반적으로 상당히 긴장되는 시간이었다.

4. The occasional news reports of murder, sexual harassment or rape cases literally sent a chill down my spine.

★ 어휘/어구

- send a chill down the spine 소름 돋게 하다. 끔찍한 생각이 들게 하는 일을 겪었다는 상황을 표현

  예시) The scene sent a chill down my spine and back up again.

5. What if someone gets to know about me and is planning to break into my room!

★ 어휘/어구

- break into 들어가면 안 되는 곳을 강제로 부수거나 몰래 들어가다

예시) It's possible that someone broke into the corporate network and is sending e-mail from the manager's account.
누군가 기업 컴퓨터 네트워크에 침입해서, 매니저의 계정으로 이메일을 보내고 있는 것일 수도 있다.

6. After a talk with my concerned family and friends, I came up with some 'preventive' measures.

★ 어휘/어구

- preventive 예방차원의, 예방하기 위해 미리 조치를 취하는 (한정적 형용사로, 명사 앞에만 씀)

예시) Preventive medicine is much better than having to pay the high costs later.
미리 예방차원에서 약을 쓰는 것이 나중에 더 큰 돈을 들이는 것보다 훨씬 낫다.

7. First, put some men's clothes on the drying rack along with mine.

★ 어휘/어구

- drying rack 건조를 위한 랙. 본문에서는 빨래건조대
- along with 어떤 것(사람)과 함께, 나란히

예시) I celebrated my b-day along with some of my friends!

8. In case my brother comes to visit, get him to get the mail and packages.

★ 어휘/어구

- come to visit (마음먹고) 한 번 찾아오다

  예시) When my grandmother came to visit last month, we took her to our favorite little bookstore.

  지난 달, 할머니가 오셨을 때, 할머니를 모시고, 우리가 제일 좋아하는 서점에 갔다.

- get someone to 누구를 시켜서 무얼 하게 만들다

  예시) I got him to clean my room. 그 사람 시켜서 내 방을 청소하게 했다.

9. I really had a hell of a time trying to live without the fear of a crime.

★ 어휘/어구

- have a hell of a time 욕봤다; 고생했다.

  예시) I had a hell of a time trying to spell "oops" as a child. I always spelled "opps" for some reason.

  어렸을 때, 나는 '웁스' 철자 때문에 고생 좀 했다. 왠지는 모르지만 항상 '옵스'라고 쓰곤 했던 것이다.

10. Come to think of it though, I was living in fear.

★ 어휘/어구

- come to think of it 지금 와서 생각해보니 (looking back now)

  예시) Come to think of it though, there are a few things in life I would love to make disappear.

  하지만 지금 생각해보면, 내 인생에서 사라지면 하는 것들이 몇 개 있는 것 같다.

11. That was coming from the girl living next door. I froze.

★ 어휘/어구

- freeze (공포, 쇼크 등으로) 몸을 움직이지 않고(움직일 수 없어) 그 자리에 굳어버리다

★ 구문

- the girl living next door 옆집에 사는 여자

　예시) His life takes an unexpected turn when he discovers that the kid living next door, Marco, has been abandoned by his parents.

　그의 삶은, 옆집에 사는 아이 마르코가 부모에게 버림받았다는 사실을 알게 되면서부터 예기치 못한 방향으로 변하기 시작한다.

12. Why in the world is she screaming 'help'?

★ 어휘/어구

- in the world (흔히 삽입구문으로) 도대체, 아니 도대체

　예시) What in the world is wrong with me? I constantly forget things these days.

　도대체 나 뭐가 문제지? 요즘 자꾸 깜빡깜빡해..

13. I had no idea what was going on, but I couldn't just let it go.

★ 어휘/어구

- have no idea 전혀 모른다

　예시) A: Do you know where he is? / B: I have no idea.

- let it go 내버려두다, 관여해 바꾸려고 하지 않다

　예시) She got mad again? Well, sometimes it's better to let it go than to do anything about it.

　여자친구가 또 화났어? 글쎄… 가끔은 그냥 내버려두는 것이 더 나을 때가 있어

14. I turned the dryer back on. Then came back the desperate voice. Help!

★ 어휘/어구

- turn ~ back on 다시 켜다 (껐다가 다시 켜다)

    예시) I walked back upstairs. 난 다시 계단을 걸어 올라갔다.

    예시) She turned off the TV. And I turned it back on.

- then came the voice 그러고 나서 이 목소리가 들려왔다.

    비교) Then the voice came. 도치를 시켜 강조의 부분을 달리 함

    예시) I heard someone scream. Then came the monsters.

15. She could be raped or even murdered any time now.

★ 어휘/어구

- any time now / any minute(day) now 언제라도; 지금 당장이라도

    예시) Based on what we're hearing, the official announcement should come any day now.

    요즘 들리는 소문으로 판단해볼 때, 공식발표가 곧 나올 것 같다.

16. I stomped out the door and saw a man living next door to her.

★ 어휘/어구

- stomp 쿵쿵거리며 걷다 (If you stomp somewhere, you walk there with very heavy steps, often because you are angry.)

    예시) He stomped out of the room without saying anything.

17. I knocked on the door and said.

★ 어휘/어구

- knock on the door 문을 두드리다

주의: knock the door가 아님.

예시) Someone knocked on the door. (누가 문을 두드렸다)

비교) There was a knock on the door. (문을 두드리는 소리가 났다)

18. She moaned 'Please, help'. She was almost weeping.

★ 어휘/어구

- moan 신음하다, 신음하듯 힘들다며 불평하다
- weep 흐느끼면서 눈물을 흘리고 울다

    예시) She didn't burst into tears. She was weeping.

    눈물을 우왕 하고 터뜨린 것이 아니다. 흐느끼고 있었다.

19. I was shivering out of fear. A moment or so later, came this voice.

★ 어휘/어구

- shiver 추움, 흥분, 두려움 등 때문에 몸을 떨다

    예시) She was shivering out of fear that she would have to let him go.

    그를 보내야 할 지도 모른다는 두려움으로 떨고 있었다.

20. I've locked myself in the bathroom.

★ 어휘/어구

- lock oneself in(inside) 안에 들어가서 문이 밖에서 잠기다 (또는 안으로 들어가 문을 걸어 잠그다)

    예시) We had a huge fight last night, and my husband locked himself in bedroom.

    어제 밤, 남편이랑 대판 싸우고 나서, 남편이 침실에 들어가서 방문을 걸어잠궜어.

21. I know it's better than a heinous crime.

★ 어휘/어구

- heinous (특히 crime앞에 써서) 극악무도한, 악랄한, 끔찍한

예시) No one with a heart, morality, or a conscience can ever justify such a heinous crime.

마음과 도덕성, 양심을 가진 사람이라면 어떻게 그런 끔찍한 범죄를 정당화할 수 있는가.

22. I sighed and told her that I would tell the landlord about it.

★ 어휘/어구

- landlord (세들어 사는 사람의) 집주인, 땅주인

25.
BIRTH OF A THIRD LANGUAGE

We're living in an era where the English language has become the 'lingua franca', without sufficient knowledge of which one would have to endure disadvantages and even embarrassments in many countries. Koreans were not immune to this massive force of change engulfing the entire globe. No wonder, then, that an industry was born here catering to those folks eager to get ahead in a world where the English language means a lot in their career and life.

Naturally, a lot has been said and done about how to improve their command of the language. All the while, a third language was born in Korea as in many other countries. We've come to call it 'Konglish', a unique combination of Korean and English. The harm it's doing to

English learners is simply beyond description, and I don't even feel obliged to elaborate on it since we're already all too familiar with it. But let me pick a few here.

A department store became a subject of scorn a few years ago when a foreigner took a picture of one of its banners that read "Summer Bitch Festival". Now, that's rather cute. It was only a misspelling. And the department store later explained that it had noticed the error and was planning to get rid of the banner. A lot of Korean people use the word 'academy' when they actually mean a private education center that teaches kids and/or adults everything from mathematics to foreign languages. Well, I tell my students they don't have that kind of thing in the States or elsewhere where English is spoken as their first language, so it would be better to just go for 'hagwon' instead. That will make sense to most foreigners from English-speaking countries who've been here for at least a year or so.

As in any other countries where English is not their first language, English got 'mixed' with the Korean language in Korea. And the biggest culprits behind this are, No.1, the thinking that you can somehow learn it by learning its rules and No. 2, the belief that matching every single English word with its equivalent in Korean and 'memorizing' them will help you get the message across. Koreans learn grammar first, pick some English words, pair them up with each of their Korean counterparts and finally 'construct' an English sentence according to the grammatical rules. The end result is a grammatically correct sentence that either doesn't mean what the speaker intended or doesn't make sense at all. Learning a language is experiencing it. It's not about studying at your desk.

Learning a foreign language is truly a daunting task. I started learning English when I turned 25 shortly after I was relieved of my 26-month military duty, and I'm still learning it. I want my students to know that learning English is a real tough job that takes a really long time. But at the same time, I hope that the life-long learning is not just some tedious, time-consuming and boring job. It can be fun and also rewarding.

1. We're living in an era where the English language has become the 'lingua franca', without sufficient knowledge of which one would have to endure disadvantages and even embarrassments in many countries.

★ 어휘/어구

- live in ~ where 우리는 이런 곳에 살고 있다. 비교) in a place where

   예시) You have no idea what it's like to get an abortion in a country where it's illegal
   낙태 자체가 불법인 나라에서 낙태 시술을 받는 것이 얼마나 힘든 일인지 모를 것이다.

- lingua franca 국제어, 세계공통어; a shared language that is used for communication by people whose main languages are different
- sufficient (양이) 충분한 (enough)
- endure 참다, 인내하다. 특히 (비교적) 오랜 기간을 참아낸다는 뉘앙스가 강함

   예시) Jennifer Lawrence is resilient to bullies in Hollywood because she endured years of cruel taunts as a child.

2. Koreans were not immune to this massive force of change engulfing the entire globe.

★ 어휘/어구

- immune to 특정 질병 이외에도, 어떤 취약한 상황에 대해 큰 영향을 받지 않는다는 뜻으로

   예시) The incident showed that their leaders were not immune to corruption.
   그 사건으로, 그 지도자들 역시 부패할 수 있다는 것이 드러났다.

- engulf (감정, 느낌 혹은 불길 등이) 완전히 둘러싸 휩감다

   예시) Huge flames have engulfed the entire building.

3. No wonder, then, that an industry was born here catering to those folks eager to get ahead in a world where the English language means a lot in their career and life.

★ 어휘/어구

- cater to 구미나 취향에 맞추다 to provide something that satisfies what a particular type of person wants

  예시) This is an unpretentious place with a menu catering to those interested in sushi, but less insistent on a traditional Japanese approach.

  이 곳은 초밥에 관심은 있지만 꼭 일본식을 고집하지는 않는 사람들에게 맞춘 음식을 제공하는, 소박한 식당이다.

- get ahead 앞서가다, 나아가다, 발전하다

  예시) Here's a quick guide on how to get ahead in the world of publishing.

4. Naturally, a lot has been said and done about how to improve their command of the language.

★ 어휘/어구

- a lot has been said and done 온갖 방법이 다 강구되어 이것 저것 시도되어 봤다

  비교) when all is said and done 이런 저런 얘기 필요 없이 결국에는

  예시) He was a man of great faults. Yet when all is said and done he still was and is my father.

  그 사람은 단점이 많은 사람이다. 하지만 이러니 저러니 해도, 그 사람은 예전에도 지금도 내 아버지라는 사실 만큼은 변함이 없다.

- command of a language 언어능력, 언어구사력

  예시) He knows that he will not be able to perform his duties properly unless he improves his command of the French language.

  그 사람도, 자신이 프랑스어 능력을 개선하지 않는 한, 맡은 의무를 제대로 수행해내지 못할 것이라는 점을 잘 알고 있다.

5. All the while, a third language was born in Korea as in many other countries. We've come to call it 'Konglish', a unique combination of Korean and English.

★ 어휘/어구

- all the while 그러는 동안 내내
- have come to 어찌어찌 해서 결국 어떻게 하게 되다

  예시) I have come to realize that destiny can hurt a person as much as it can bless them.
  나는, 운명이란 것이 사람에게 득이 될 수도 있지만, 동시에 독이 될 수도 있다는 것을 깨닫게 되었다.

6. The harm it's doing to English learners is simply beyond description, and I don't even feel obliged to elaborate on it since we're already all too familiar with it. But let me pick a few here.

★ 어휘/어구

- beyond description 말할 수 없는, 형용할 수 없는, 묘사할 수 있는 수준을 벗어난, 정도가 심한

  예시) The angel scene was gorgeous and the final scene was simply beyond description.
  그 천사가 나오는 장면은 진짜 멋졌다. 또 마지막 장면은 형언할 수 없을 정도였다.

- oblige 의무적으로 무엇을 해야 한다.

  비교) don't feel obliged to 꼭 그렇게 해야 할 필요성조차 느끼지 않는다

- elaborate 자세하게 말로 더 설명하다/서술하다

  예시) He went on to elaborate on the subject of his espionage activities after his return to Bucharest.
  그는 부카레스트로 돌아온 뒤 했었던 간첩활동이라는 주제에 관해 더 자세히 설명했다.

7. A department store became a subject of scorn a few years ago when a foreigner took a picture of one of its banners that read "Summer Bitch Festival".

★ 어휘/어구

- scorn: to show contempt 경멸감을 표시하다
- read 뭐라고 써있다 banners that read 'Summer Bitch Festival' "여름암캐축제"라고 써있는 배너

  예시) I saw a sign that read 'No walking on the grass'.
  '잔디에 들어가지 마시오'라는 표지판을 보았다.

8. A lot of Korean people use the word 'academy' when they actually mean a private education center that teaches kids and/or adults everything from mathematics to foreign languages.

★ 어휘/어구

- academy 특정 목적의 학교. 특히 비행학교나 사관학교, 경찰학교 등의 경우에 쓰임

  Academy is sometimes used in the names of schools and colleges, especially those specializing in particular subjects or skills, or private high schools in the United States.

9. Well, I tell my students they don't have that kind of thing in the States or elsewhere where English is spoken as their first language, so it would be better to just go for 'hagwon' instead.

★ 어휘/어구

- go for 여러 대상 중 하나를 택하다 pick/choose

  예시) Well, I'd rather go for a stiff drink than coffee.
  난 커피보다는 그냥 독한 술 한잔을 하겠어.

10. As in any other countries where English is not their first language, English got 'mixed' with the Korean language in Korea.

★ 어휘/어구

- as in 어디에서처럼, 어디에서도 그렇지만 비교) as with

예시) As in America, racism is a problem in Korea.

미국에서도 그렇지만, 인종차별주의는 한국에서도 문제다.

예시) As with any journey, who you travel with can be more important than your destination.

어떤 여행의 경우에도 그렇지만, 여행이란 목적지보다는 같이 여행하는 사람이 누구인지가 더 중요할 수 있다.

11. the belief that matching every single English word with its equivalent in Korean and 'memorizing' them will help you get the message across.

★ 어휘/어구

- equivalent 상응하는 것/대응하는 것

예시) The Caribbean Literature prize consists of $3,000 or its equivalent in the corresponding national currency.

캐러비안 문학상은 3천불 또는 해당국 화폐기준 그 정도의 액수가 포함되어 있다.

- get the message across 의도한 의미를 상대방에게 전달하다

예시) What matters to a foreign language learner is whether or not he is trying to get the message across. 외국어 학습자에게 중요한 것은, 그 사람이 '의미'를 전달하고자 노력하고 있는가 하는 점이다.

12. Koreans learn grammar first, pick some English words, pair them up with each of their Korean counterparts and finally 'construct' an English sentence according to the grammatical rules.

★ 어휘/어구

- pair up 둘을 짝을 짓다. 둘을 묶다

   예시) We paired them up and they have been a very happy pair of rabbits ever since.

13. The end result is a grammatically correct sentence that either doesn't mean what the speaker intended or doesn't make sense at all.

★ 어휘/어구

- end result 최종 결과(물)

   예시) In May 2011, when Gaddafi's forces were still fighting, the end result of the civil war was still uncertain.

   2011년 가다피군이 여전히 전투를 벌이고 있었을 무렵, 이 내전의 최종 결과가 어떻게 될 지는 확실치 않았다.

14. Learning a foreign language is truly a daunting task.

★ 어휘/어구

- daunting 무섭거나 너무 거대해서 겁을 내게 만드는, 주눅 들게 만드는

   예시) Parents, children, and rescuers faced daunting challenges once the decision was made to go into hiding.

15. I started learning English when I turned 25 shortly after I was relieved of my 26-month military duty, and I'm still learning it.

★ 어휘/어구

- relieve (수동태로) 의무나, 책무 등으로부터 자유로워지다. formal한 표현

   예시) I was relieved of my duties and now they are not wanting to pay me wages earned for the work performed.

난 내 의무를 더 이상 수행하지 않도록 조치되었고(해고되었다는 말), 회사는 이미 내가 한 일에 대한 급료를 주지 않으려 하고 있다.

16. But at the same time, I hope that the life-long learning is not just some tedious, time-consuming and boring job. It can be fun and also rewarding.

★ 어휘/어구

- tedious 단조롭고 지루하고 짜증나는

  예시) He hates the tedious job of paying bills, but he also knows it has to get done.

- time-consuming 시간이 많이 걸리는/소요되는

  예시) Submitting your website to every search engine is an incredibly time-consuming process.

  홈페이지를 모든 검색엔진에 제출하고 등록하는 일은 무척 시간이 걸리는 작업이다.

- rewarding 보람 있는, 뿌듯한, 보상이 따르는

  예시) It was such a rewarding experience to see students who came to us stressed, anxious, or out of ideas, leaving the center feeling relieved.

  스트레스를 받고, 초조하거나, 통 좋은 생각이 떠오르지 않아 나를 찾아오는 학생들이 편한 마음으로 돌아가는 걸 보는 것은 정말 보람 있는 경험이었다.

26.
THE RICH GET RICHER, THE POOR POORER

In the 1970s, American CEOS earned, on average, 20 ~ 30 times more than an American worker. CEOs in most other developed economies earn about as much, with those in the UK making 22 times. In Canada, that's 20 times, and in the conservative Japan, CEOs bring home about 11 times more than their average worker.

In the late 1980s, things have changed in America's payment schemes, perhaps in an absurd way. Now, American CEOs rake in what 400 average Americans would earn. Things look especially pronounced in the financial sector, the engine of the American economy. I would call it a "results-oriented compensation scheme gone wild."

CEOs in the financial sector tend to take big risks to maximize profits. After all, the bigger the profits, the fatter their pay packets. So there's no mystery about those investment banks channeling huge funds into high-risk financial derivatives and going all out to raise as much funds as they could to 'grow the pie'. Sure enough, their gamble served as the epicenter of last year's global financial crisis. Meanwhile, those of us making a 400th of what the CEOs brought home were left chipping in what little we had to pull the financial industry out of the abyss.

US President Barak Obama deplored saying the CEO compensations turned out to be a reward for recklessness rather than for responsibility. Some Americans were so indignant as to call the Wall Street CEOs 'flesh-eating bacteria'. The CEOs, after all, are in no position to retort that.

"We are the 99%", goes a slogan popularized during the 2011 protests on Wall Street and elsewhere. The same frustrations are being widely felt by a lot of Koreans too. Although we have become a lot better off than, say, 30 years ago, the wealth gap has grown too.

This country is still being haunted by the tragic history involving communism. When someone talks about 'redistribution' of wealth, he suddenly becomes an ardent supporter of the Communist North in the eyes of many. Now, that's a sad fact of life here. What's interesting is that most of the sharp-tongued critics of 'redistribution' of wealth are poor, old people who would readily vote for a candidate who pledges a few more pennies into their pension. I'm not all for 'redistribution' of wealth. But I'm sad.

1. In the 1970s, American CEOS earned, on average, 20 ~ 30 times more than an American worker.

   ★ 어휘/어구
   - in the 1970s 1970년대에
     (in the의 모양은 변하지 않음. 단, in을 during으로 바꾸어 쓸 순 있음)
   - on average 평균/평균적으로 (부사구로 자주 쓰이는 표현)

2. CEOs in most other developed economies earn about as much, with those in the UK making 22 times.

   ★ 어휘/어구
   - about as much 그 정도. 앞서 언급한 양이 있고, 그 만큼이라고 다음 문장에서 말할 때 사용
     예시) He spends 10 hours a day learning English. I spend about as many (hours as he does).

3. In Canada, that's 20 times, and in the conservative Japan, CEOs bring home about 11 times more than their average worker.

   ★ 어휘/어구
   - bring home 집에 가져가다. 종종 수입의 규모를 말할 때 사용
     예시) Nine percent of college graduates brought home more than $100,000 a year or more while only one percent of high school graduates reached that income level.

4. Now, American CEOs rake in what 400 average Americans would earn.

   ★ 어휘/어구
   - rake in 갈퀴로 낙엽을 긁어 모은다는 뜻으로, 돈을 벌어들인다는 뜻으로도 쓰임. 부정적 뉘앙스
     예시) Horn of Africa pirates have raked in up to $413 million in ransom since 2005.

2005년 이후 '아프리카의 뿔' 지역을 중심으로 활동하는 해적들은 몸값으로 총 4억1300만 달러를 벌어들였다.

5. Things look especially pronounced in the financial sector, the engine of the American economy.

★ 어휘/어구

- pronounced (툭 튀어나와) 눈에 확 띄는

예시) I seem to have very pronounced veins on the side of my forehead. They are not normally this big. Should I be concerned?

이마 한 쪽에 정맥이 많이 튀어나와 있는 것 같습니다. 보통은 이렇게 크지 않습니다. 이거 문제 있는 건가요?

6. I would call it a "results-oriented compensation scheme gone wild."

★ 어휘/어구

- go wild 미쳐 날뛰다, 무엇인가에 매우 몰두하다

본문에서는 "제멋대로 커져버린 결과중심 급여체계"라는 맥락에서 사용.

7. After all, the bigger the profits, the fatter their pay packets.

★ 어휘/어구

- pay packet 월급봉투. big이나 fat을 사용해 급여가 많음을 표시

8. So there's no mystery about those investment banks channeling huge funds into high-risk financial derivatives and going all out to raise as much funds as they could to 'grow the pie'.

★ 어휘/어구

- there's no mystery about (그러니) 이럴 만도 하다. 이러는 것도 이상한 일은 아니다. 이런 것은 이미 누구나 알고 있는 것이다

  예시) There is no mystery about how the body fends off the flu and other viruses.
  신체가 어떻게 독감이나 기타 바이러스를 퇴치하는지에 대해선 이미 잘 알려져 있다.

- channel 돈, 자금, 시간, 감정 등을 어디에 쏟다. (into)

  예시) If you're thinking about channeling a lot of your energy into volunteerism, try out some opportunities now.
  많은 힘을 자원봉사에 쓸 생각을 하고 있다면, 몇 가지 기회를 지금 잡아 보라.

- derivatives 파생상품 (금융용어) 기초자산의 가치 변동에 따라 가격이 결정되는 금융 상품을 말한다. swaps(스왑), futures(선물), options(옵션), forwards(선도) 등이 있다.

- go all out 최선을 다하다. 할 수 있는 한 최선의 수단을 강구해 노력하다

  예시) They are going all out to ensure it doesn't happen again.
  그런 일이 다시는 일어나지 않도록 최선을 다하고 있다.

9. Sure enough, their gamble served as the epicenter of last year's global financial crisis.

★ 어휘/어구

- sure enough 아니나 다를까. 앞서 말한 것이 사실임이 입증된다는 상황 표현

  예시) I said she'd forget it. Sure enough she did.

- epicenter 지진의 진앙지. 문제의 근본 발생 원인(장소)

  예시) Advanced economies were at the epicenter of the crisis whereas many emerging markets proved relatively resilient.
  선진국이 위기의 진앙지에 있었던 반면, 신흥 경제국들은 비교적 잘 이겨냈다.

10. Meanwhile, those of us making a 400th of what the CEOs brought home were left chipping in what little we had to pull the financial industry out of the abyss.

★ 어휘/어구

- chip in (소액을) 기부하다, 돈을 내다

  예시) Sorry I didn't have much to donate but, I chipped in what I could.

- what little (money) we have 얼마 안되지만 우리가 가진 것

  예시) I am only a recent reader here but from what little I have seen, I have to agree with you.

  저는 여기 최근에 들어와서 글들을 읽기 시작했지만, 지금까지 내가 본 얼마 되지 않는 내용들로 미루어 볼 때, 당신과 같은 생각인 것 같습니다.

- pull something/somebody out of 무엇/사람을 어디서부터 끌어내다

  예시) I pulled him out of the ditch.

  예시) Even the president failed to pull the economy out of recession.

- abyss 깊은 구덩이 (비유적으로도 많이 쓰임)

★ 구문

- were left chipping in 결국 chip in 하는 상황이 되어 버렸다

  예시) She left without saying anything. I was left wondering if I got dumped.

  그녀는 아무 말도 하지 않고 떠나 버렸다. 결국 나는 내가 차인 것인지 의문이 들게 되었다.

11. US President Barak Obama deplored saying the CEO compensations turned out to be a reward for recklessness rather than for responsibility.

★ 어휘/어구

- deplore (특히 공개적으로) 개탄, 한탄하다

  예시) He deplored the tendency of some politicians to neglect the public interests.

- reckless (태도 등이) 신중을 기하지 않고 마구잡이로 하는

  예시) Justin Bieber's neighbors are refusing to pay their Homeowners Association fees until it puts a stop to his reckless behavior.

  저스틴 비버의 이웃들은, 비버가 무모한 짓을 그만둘 때까지 주택소유자연합에 회비를 내지 않겠다고 한다.

12. Some Americans were so indignant as to call the Wall Street CEOs 'flesh-eating bacteria'.

   ★ 어휘/어구
   - indignant 격분/분개한 (angry보다 formal)
      예시) The doctor was so indignant as to be almost speechless.
      의사선생님은 너무 화가 나 거의 할 말이 없을 정도였다.

13. The CEOs, after all, are in no position to retort that.

   ★ 어휘/어구
   - be in no position to 무엇을 할 만 한 입장이 아니다(못 된다)
      예시) You are in no position to express your opinions here.
   - retort 반박, 항변하다 To reply, especially to answer in a quick, caustic, or witty manner.
      예시) He was resolute to retort the charge of treason on his foes.
      자신에게 가해진 '모반 혐의'를 적들에게 반박해야겠다고 굳게 마음을 먹은 상태였다.

14. Although we have become a lot better off than, say, 30 years ago, the wealth gap has grown too.

   ★ 어휘/어구
   - be better off 삶의 질 등이 더 나아져 풍요로워지다 / 상황이 더 나아지다
      예시) To say Mitt's a lot better off than he was 4 years ago would be quite an under-statement.
      미트가 4년 전보다 형편이 '훨씬 나아졌다'고 말하는 것은 과소평가다.
      ('훨씬 나아졌다'로는 표현할 수 없을 만큼 부유해졌다.)

15. This country is still being haunted by the tragic history involving communism.

★ 어휘/어구
- be haunted 귀신, 망령, 기억하기 싫은 일들이 자꾸 나타나거나 생각난다
    - 예시) Why Malawi is still being haunted by the vicious cycle of poverty, food insecurity and economic woe?
    - 왜 말라위에는 아직도 빈곤, 식량불안정, 경기침체의 악순환에서 벗어나지 못하고 있는 것일까.

16. When someone talks about 'redistribution' of wealth, he suddenly becomes an ardent supporter of the Communist North in the eyes of many.

★ 어휘/어구
- redistribution 재분배. 특히 누진세 등을 통한 부의 재분배를 지칭하는 경우가 많음
- ardent 열렬한 (지지자) Ardent is used to describe someone who has extremely strong feelings about something or someone.
    - 예시) Being an ardent lover of science since my school days, I developed a keen liking towards biological and chemical sciences.
    - 학창 시절부터 과학을 무척 좋아하다 보니, 생물학이나 화학에 큰 관심을 갖게 되었다.
- in the eyes of 누구의 눈에는, 누가 보기에는
    - 예시) Beauty is in the eyes of the beholder.
    - 아름다움은 보는 사람의 눈 안에 있는 것이다 (제 눈에 안경)

17. Now, that's a sad fact of life here.

★ 어휘/어구
- a fact of life 피할 수 없는 삶의 현실
    - 예시) She grew up in Northern Ireland during the 1970s when violence had become a fact of life.

그 여자는, 1970년대, 폭력이 일상이 되어버렸던 때에 북아일랜드에서 어린 시절을 보냈다.

18. What's interesting is that most of the sharp-tongued critics of 'redistribution' of wealth are poor, old people who would readily vote for a candidate who pledges a few more pennies into their pension.

★ 어휘/어구

- sharp-tongued / harsh, critical or sarcastic

    예시) She failed last year not because she was slow but because she skipped school to avoid her sharp-tongued peers.

    작년 학교를 포기한 이유는, 학습능력이 떨어져서가 아니라, 막말을 해대는 친구들을 보기 싫어서 학교를 나가지 않았기 때문이다.

- pledge 서약, 약속, 공약

    예시) "Park never pledged that the government would give 200,000 won in basic old-age pension by next year", said a Saenuri spokesperson.

    박대통령은 정부가 기초노령연금으로 20만원을 바로 내년부터 지급하겠다고 공약한 적이 없다고 새누리당 대변인이 말했다.

19. I'm not all for 'redistribution' of wealth. But I'm sad.

★ 어휘/어구

- be all for 대 찬성이다, 쌍수를 들고 환영하다

    예시) Not that I'm not all for fair and reasonable trials with legal and humane sentences..... but....

    법에 부합하고 인간적인 형량을 내리는, 공정하고 합리적인 재판에 찬성하지 않는다는 말은 아니다. 하지만…

27.
THE HISTORY OF THE DEATH PENALTY

In the United States, the death penalty is sometimes given to people who are guilty of committing very serious crimes. These crimes could include first-degree murder and treason, or betraying one's country. Capital punishment was brought to America by early settlers from Europe. In early America, people who were found guilty of murder and rape were routinely executed, either by hanging or by a firing squad. Convicted burglars, thieves, and even counterfeiters often received the death penalty. This was thought to be a deterrent to other criminals.

People began to feel that criminals were not evil. Instead, they were victims of poverty, poor education, and a lack of opportunity. Society should help criminals, rather than kill them, they thought. Another reason for the change in thinking was economic. Prisons were very expensive. Early American states could not afford to keep many people in prison. Rather than keep them in prison, convicted criminals were executed. But as society became richer during the Industrial Revolution, prisons became more affordable for society. Because of this and other reasons, keeping criminals in prison rather than executing them became a viable option.

By the mid-1800s, many states banned the death penalty except in the case of convicted murderers. But those states were mostly the northern states. The southern states kept the death penalty for many crimes. That trend continues in modern America. Even today, most executions happen in the southern states. The southern states are considered more conservative than northern states. In the southern states today, death by injection is the standard form of execution. It is considered the most humane form of the death penalty.

In the last few years in America, the debate over the death penalty has grown more widespread. A recent argument against the death penalty is that some of the people who are found guilty and sentenced to die are not actually guilty. New methods of verifying evidence, such as DNA testing, have helped free many death-row inmates. Because in many cases, criminals cannot be proven 100 percent guilty, it is not right to sentence them to death, opponents say. There is a chance that they may be innocent. In fact, the governor of Illinois recently halted all executions in his state. In Illinois, some death-row inmates were shown later to be innocent of the crime for which they were imprisoned. After that, the governor was afraid that some people being executed were wrongly convicted.

Another argument against the death penalty is the high cost of executing a prisoner. Someone sentenced to die has the right to appeal the sentence several times. The state has to defend its case each time before a higher court. One study found that it costs more than $1,000,000 in legal costs for a prisoner to exhaust all appeals against the death penalty. Despite the often-heated national debate, the majority of Americans are still in favor of the death penalty.

According to a recent study, approximately 65 percent of Americans still believe that the death penalty is appropriate for crimes such as first-degree murder. In cases of mass murder, the percentage in favor of capital punishment is even higher. More than 80 percent of Americans wanted the death penalty given to Timothy McVeigh, the man who killed hundreds in the Oklahoma City bombing.

1. In the United States, the death penalty is sometimes given to people who are guilty of committing very serious crimes.

   ★ 어휘/어구
   - death penalty 사형, 사형제도 The death penalty is the punishment of death used in some countries for people who have committed very serious crimes. = capital punishment (사형제도)
   - guilty of 어떤 혐의에 대해 유죄이다
     비교) be found guilty of
     예시) He was found guilty of murder.

2. These crimes could include first-degree murder and treason, or betraying one's country.

   ★ 어휘/어구
   - first-degree murder 1급살인 (정상참작의 여지가 없는 살인. 중형을 받게 됨) 비교) second-degree murder
   - treason (국가에 대한) 반역죄
     예시) At the conclusion of his trial at the courthouse, Brown was found guilty of murder and treason and later hanged just several blocks away.
     법정에서 재판이 끝날 때 브라운은 살인과 모반혐의에 대해 유죄판결을 받고 나중에 불과 몇 블록 떨어진 곳에서 교수형에 처해졌다.

3. In early America, people who were found guilty of murder and rape were routinely executed, either by hanging or by a firing squad.

   ★ 어휘/어구
   - hanging 교수형
   - firing squad (사형집행시) 총을 쏘는 사람들

4. Convicted burglars, thieves, and even counterfeiters often received the death penalty. This was thought to be a deterrent to other criminals.

★ 어휘/어구
- convict (동사로) 유죄판결을 내리다 (명사로) 유죄판결을 받은 사람

  예시) He was convicted of murder.
- burglar 절도범, 빈집털이
- counterfeit 위조(하다) 특히 지폐나 문서 위조
- deterrent 억제책. 어떤 일이나 행동을 하지 못하게 막는 장치, 수단

  예시) Cameras are a major deterrent to crime.

5. Because of this and other reasons, keeping criminals in prison rather than executing them became a viable option.

★ 어휘/어구
- viable 성공가능성이 있는, 끝까지 살아남을 수 있는

  예시) Why are solar cookers not a viable option for the energy poor?

  전기가 부족한 사람들에게 '태양열 조리기구'가 왜 대안이 될 수 있는 것인가?

6. In the southern states today, death by injection is the standard form of execution. It is considered the most humane form of the death penalty.

★ 어휘/어구
- death by injection 독극물 주입을 통한 사형집행 방법
- humane 잔혹하지 않은, 인간적인, 온정적인 Humane people act in a kind, sympathetic way towards other people and animals, and try to do them as little harm as possible.

  예시) A rapid stunning blow to the head is also considered to be a humane method of killing fish. 머리를 세게 때려 정신을 잃게 하는 것도, 물고기를 죽이는 가장 인간적인 방법으로 여겨진다.

7. A recent argument against the death penalty is that some of the people who are found guilty and sentenced to die are not actually guilty.

★ 어휘/어구

- be sentenced to die = be sentenced to death 사형언도를 받다

  예시) He was found guilty of two counts of murder and sentenced to death.
  두 건의 살인혐의에 대해 유죄판결을 받고 사형언도를 받았다.

8. New methods of verifying evidence, such as DNA testing, have helped free many death-row inmates.

★ 어휘/어구

- verify 사실인지, 거짓인지 정확히 확인하다; to check if something said or argued is true or not true

  예시) Can you verify whether I am scheduled to work or not?

- death row 사형언도를 받은 사람들이 수감되어 있는 감옥의 한 부분. row는 '열'. 사형언도를 받은 죄수들은 보통 수감되어 있는 방(cell)들이 한 열(row)에 잇따라 연결되어 있고, 이 열을 부르는 말

- inmate 죄소/수감자 또는 병원 입원환자

9. In fact, the governor of Illinois recently halted all executions in his state.

★ 어휘/어구

- governor (미국) 주지사, (식민지의) 총독, 총감독자
- halt / stop 특히 사람이나 사물이 가다가 갑자기 멈춰서는 상황. 혹은 진행중인 일이나 프로젝트 등이 갑자기 중단되는 상황 묘사

  예시) The hikers halted for lunch and some rest.

10. In Illinois, some death-row inmates were shown later to be innocent of the crime for which they were imprisoned.

★ 어휘/어구
- imprison 투옥하다(incarcerate), 감금하다(lock up) / put someone in prison
  비교) life imprisonment 종신형
  예시) There he freed captives unjustly imprisoned, saved sailors in stormy seas, redeemed young girls who were bound for child prostitution.
  거기서 그는 부당하게 투옥된 사람들을 풀어주고, 폭풍우가 몰아치는 바다에서 선원들을 구해주고, 아동매춘에 매여 있는 여자아이들을 구해주었다.

11. Someone sentenced to die has the right to appeal the sentence several times.

★ 어휘/어구
- appeal 항소(하다)
  비교) file an appeal 항소를 하다, 항소를 청구하다
  예시) He decided to file an appeal against the decision.

12. One study found that it costs more than $1,000,000 in legal costs for a prisoner to exhaust all appeals against the death penalty.

★ 어휘/어구
- exhaust 가용한 수단, 돈, 힘 등을 모두 소진하다
  비교) exhausted (가용한 힘을 모두 소진하여) 완전히 지친

13. Despite the often-heated national debate, the majority of Americans are still in favor of the death penalty.

★ 어휘/어구

- be in favor of 선호하다, 좋아하다, 찬성하는 쪽이다

  예시) The judge ruled in favor of the defendant.
  판사는 피고의 손을 들어주었다.

한글
번역

01. 나를 짜증나게 하는 것

나는 지하철로 출퇴근한다. 그러다 보니, 기본적인 매너도 없는 사람들을 보곤 한다. 어떤 중년 아주머니는 양말을 벗고 있다가 누군가 용기를 내어 한 마디 하면 뭐가 잘못이냐는 듯 행동한다. 또 요즘에는 쩍벌남도 있다. 보통은 30대 이상 남성들로, 일곱 명이 앉는 자리 중간에 다리를 벌리고 앉아 옆에 있는 사람들 자리까지 침범한다. 재수없게 옆에 앉은 두 사람은 용기를 내어 뭐라고 한마디 하거나 그냥 불편해도 참아야 한다. 가끔 그런 사람들은 발로 가랑이를 차버렸으면 하고 생각한다. 하지만 결국에는 그냥 고개를 돌리고 만다. 사실 그 사람들이 뭐라고 한 마디 해서 미안하다고 할 사람들이면 애초에 그런 매너 없는 행동을 하지는 않았을 것 아닌가. 그래서 종종 나는 누군가 먼저 나서고, 나도 좀 거들 수 있게 되면 좋겠다는 생각은 든다. 언젠가는 내가 그 누군가가 되어야 할 지도 모르겠다.

02. 블루투스

아주 오래 전에 나온 것 같지만, 블루투스라는 멋진 무선통신 기술은 나온 지 10년이 채 되지 않았다. 처음에 관련 기사를 읽었을 때 나는 블루투스 이어폰을 손에 넣을 수 있다는 생각에 매료되었던 적이 있다. 요즘 블루투스는 아주 널리 퍼져있다. 나도 매일 출퇴근 길에 핸드폰을 내내 보기 때문에 이 기술의 가장 큰 수혜자 중 한 사람이다. 영화를 보거나 음악을 들으려고 할 때, 이어폰을 찾으려고 가방 구석 구석을 뒤지지 않아도 된다는 건 분명 정말 좋은 일이다.

그렇긴 하지만 첨단 기술은 모두 하나같이 예기치 못한 결과를 낳는다. 지금 할 얘기가 창피해할 일은 분명히 아니지만 매우 당황스러웠던 일임에는 틀림없다.

얼마 전에, 퇴근 길에 지하철에서 막 내렸을 때였다. 계단을 올라가는데, 20대 초반쯤으로 보이는 여자분이 내쪽을 쳐다보고 있는 것이었다. 바로, 내 학생이었던 사람이라는 확신이 들었다. 그래서, 내가 얼굴을 알아보지 못하면, 그 분에게는 실망스러운 일이 될 것이라는 점도 직감했다. 그런데 얼굴이 기억이 나지 않는 것이다. 바로 그 때, 여자 분이 나에게 말을 걸었다. '어, 너 내일 뭐 한다고 했더라?' 조금 이상하긴 했다. 오랜만에 만나는 사람이라면 안녕하세요 하고 인사를 먼저 해야 하는 것 아닌가. 혼란스러웠지만 내가 말했다. '아, 안녕하세요. 죄송한데…" 여자분은 뒤도 안돌아보고 내 옆을 획 지나갔다. 알고 보니 전화통화를 하고 있는 것이었다. 핸드폰을 손에 들고 있지 않았을 뿐. 블루투스 이어폰을 귀에 꽂고 있던 것이었다. 정말 당황스러웠다. 그 자리에서 그냥 사라지고 싶을 정도였다. 내 주변 사람들 중에 누군가는 내가 혼자서 뭐라고 하는 모습을 보았을 것이다. 어찌나 당황스럽던지.

03. 손잡기

애착과 유대관계를 표시하기 위해 손을 잡는 동물은 인간이 유일하다. 아이 둘을 둔 아빠인 나도 항상 아이들 손을 잡는다. 딸아이 손을 잡고 교회에 가고, 열 세 살짜리 아들 손을 잡기도 한다. 애들은 별 상관 없어 한다. 물론 그럴 것이다. 싫어할 이유가 뭐가 있나.

거리나 밖에 나가보면 여자분들이 손을 잡고 다니는걸 항상 본다. 친구이거나 엄마와 딸 사이일 것이다. 그런데 성인 여성 두 명이 손을 잡고 있는 걸 보면 아직도 잘 이해하기 힘들다. 잘은 모르지만 아마 나는 성인이 되어가면서 그런 형태의 애정표현은 안하게 되는 것이 아닌가 하고 생각하고 있는지도 모르겠다.

한 가지 금기 사항이 있다. 성인 남성 두 명은 절대 손을 잡으면 안된다. 논란의 여지가 없다. 그러면 좀 이상하다. 성인 남성 둘이 손을 잡고 있다는 건 두 사람이 게이라는걸 보여준다고 생각하기 때문이라고 생각할 수도 있을 것이다. 하지만, 그렇다면 그렇게 다정하고 손을 잡고 다니는 대한민국의 모든 여성들은 어떤가. 이들은 레즈비언이 아닌가. 아니다. 최소한 대부분은 아닐 것이다. 나는, 동성애에 대한 도덕적, 법적, 종교적 이슈에 관해 말하고자 하는 것이 아니다. 그냥 남녀의 같은 행동에 대한 사람들의 태도가 왜 다를까 하고 생각하는 것 뿐이다. 아, 그렇다고 남자도 공공장소에서 거리낌 없이 손을 잡아도 되어야 한다고 말하려는 것이 아니니 오해 마시길. 아니, 손을 왜 잡아야 하는가. 그냥 뭐 그렇다는 말이다.

04. 남자와 여자의 차이

남자와 여자는 생물학적으로 다를 뿐 아니라, 많은 사회적 상황에서도 다르다. 그 유명한 "화성에서 온 남자, 금성에서 온 여자"와 같은 책들을 인용하지 않아도 남녀의 성차는 너무도 명백하다. 그냥 그런 차이를 우리는 이해하고 있다. 남녀는 완전히

종이 다른 생명체와 같다. 나는 그간 몇 백년이나 계속되어온 "구성주의와 교수주의" 간의 논쟁에 관해 잘 모른다. 게다가, 이렇게 개인적으로 관찰해온 많은 예들이 그냥 지나치게 단순화된 고정관념일지도 모른다. 하지만 이런 것들에 대해 생각해보고 얘기해 보는 것은 재미있는 일 아닌가.

수업 중에 우연히 학생들에게 물었다. '여학생 여러분! 컴퓨터가 고장 나면 어떻게 하죠?' 난 아마 '고치죠'라고 대답할거라고 생각했다. 그런데, 학생들 중 한 명이, '컴퓨터 끄고 다른거 하죠'라고 말하는 것이다. 너무 당황했다. 지금 생각해 보면, 무척 재미있는 일이었던 것 같다. 뭐가 고장 나면 고친다. 최소 나는 그렇게 한다. 전구가 고장 났는데 그냥 휙 돌아서버리는 남자는 못 본 것 같다. 놀랍게도 교실에 있는 많은 여학생들이 그 반응을 듣고 고개를 끄덕이고 있었다.

내 딸아이는 인형을 좋아한다. 아들 녀석은, 더 어렸을 때 트럭 장난감을 가지고 놀

던 게 기억난다. 그런데 지금은 낮에는 거의 집에 없다. 항상 밖에서 공을 차거나 친구들과 뛰어 놀고 있다. 고정관념이 되었든 타고난 성격차이가 되었던 이런 차이들을 보고 있으면 참 재미있다.

05. 치과에서

치통이 참을 수 없을 정도였다. 충치 치료를 받으러가야 했다. 사흘간 고생하다가 근처 치과에 갔다. 다들 알 것이다. 옆집 아이한테 세상에서 제일 무서운 장소 두 곳을 들어보라고 하면, 귀신 나오는 집하고 치과라고 말할 것이다. 물론, 먼지 하나 없는 지나치게 깨끗한 환경이 치과가 무서운 가장 큰 이유다. 흰색 가운도 마찬가지다. 나는 치과 의자에 누웠고, 의사선생님이 와서 몇 가지 물어보셨는데, 뭐라고 대답했는지도 잘 기억이 안 난다. 그 정도로 위축되어 있었던 것이다. 선생님이 잇몸 마취를 위해 주사를 몇 번 놓고 몇 분 정도 다른 환자를 보러 가셨다 돌아와서 충치 치료를 시작했다. 아팠다. 너무 아팠다. 소리를 지르니까 선생님이 좀 놀라시더니 '한 방 더 놓을게요' 하시고는 주사를 놓고 몇 분이 지났다. 선생님이 다시 돌아왔다. 그런데 아직도 아팠다. 세 번째 마취주사를 맞았는데도 아직 드릴이 닿을 때 통증이 느껴졌다. 20분에 걸친 치료를 받으면서 계속되는 고통을 참을 수 밖에 없었다. 치료를 마치고 아직도 경직된 채 밖으로 나왔다. 3시간 정도가 지나고 수업이 있었다. 교실에 들어가서 평소처럼 강의를 시작했다. 그런데 내 입에서 나오는 소리는 말이 아니었다. '우워우우어워.' 총체적 난국이었다. 학생들은 처음에는 놀란 표정이더니, 교실 뒤편에 있는 학생들이 하나 둘 낄낄 웃기 시작했다. 그렇다. 침을 흘리고 있던 것이다. 내가 알아차리지… 아니 느끼지 못했을 뿐. 세 차례에 걸쳐 맞았던 마취주사가 이제야 제대로 효과가 나타나고 있었던 것이다. 수업시간 내내 계속 티슈를 써야 했다. 그리고 학생들은 내가 당황해 하는 모습을 보고 무척이나 재미있어 하는 것 같았다.

06. 지하철에서

한국사람들은 우리나라가 동방예의지국이라는 자부심을 느껴왔다. 물론 한국에서는 '예의 바르다'는 것에 좀 특이한 측면이 있다. 가령, 한국에서는 나이가 '예절문화'에서 매우 중요한 부분을 차지한다. 예의가 아니더라도, 서구 문화권에서 '소수자 배려 문화 (political correctness)'가 특히 1990년대에 중요시되었던 것처럼, 한국에서도 사회적 약자를 대하거나 그들에 대한 호칭 선정에 있어서 좀더 신경을 쓰게 되었다.

특히나 이러한 변화를 잘 보여주는 곳을 꼽자면 지하철을 들 수 있다. 서울 지하철 각 객차는 보통 7인용 긴 의자가 6개, 3인용 짧은 의자가 4개 있다. 이 짧은 의자는 그 위에 붙어있는 공지문에 써있는 것처럼 '노약자, 장애인 임산부 보호석'이다. 좀 이상하게 들리긴 한다. 어쨌건, 영국에서도 비슷한 공지문을 본 적이 있다. '양보해주세요. 장애인, 임산부나 서있기 힘든 분들을 위해'. 또 영국에는 임신부들을 위해 '아기가 타고 있어요' 배지를 만들어 쓰고 있다는 글을 읽은 기억이 난다. 결국 조금 다른 표현들이지만 사실상 같은 얘기다.

하지만 여기에 좀 다른 요인이 작용한다. 앞서 말한 것처럼, 한국에서 나이는 매우 중요하다. 나이와 관련된 호칭이 매우 많다. 지하철을 타고 다니다 보면 그 노약자 보호석을 두고 사람들이 싸우는 광경을 자주 목격한다. 60대 정도로 보이는 아저씨가 좀 어려 보이는 남자에게, 그 자리에 앉았다며 욕설을 해대는 장면은 흔히 볼 수 있는 광경이다. 심지어 흉한 몸싸움으로까지 번지기도 한다. 임신 초기 여성이라면, 임신한 것처럼 보이지 않을 수 있다. 그런데, 그 자리에 앉기라도 하면, 근처에 있는 "자리 지킴이" 할머니 할아버지들이 눈총을 주기도 한다.

이런 말도 안 되는 상황은 사라져야 한다. 있어봐야 효과가 없는 그런 문구는 없애야 한다고 본다. 연세가 있으신 분들은 동의하지 않을지 모르지만, 지하철에서 좀은 서서

갈 수 있는 튼튼한 젊은이들 대부분은 어차피 그런 공지문이 없어도 좀 불편한 분들을 위해 자리를 양보할 의지도 능력도 있다고 생각한다.

07. 대선 후보로부터의 전화

작년 대선운동 무렵이었다. 평소처럼 사무실에서 일을 하고 있는데 전화가 울렸다. 이상한 일이었다. 사무실 전화는 사실상 존재하지 않는 것이나 다름없었기 때문이다. 이 전화의 전화번호는 아무한테도 알려주지 않았다. 이따금씩 핸드폰이 없을 때 쓰곤 하는 정도였다.

수화기를 들고 '여보세요'라고 했더니 수화기 건너편에서 들려온 목소리는 이랬다. ' 안녕하세요. 대선후보 문재인입니다. 믿을 수가 없었다. 그 대선후보 문재인이 나에게 직접 전화를 하다니. 그래서 대답했다. "네, 문재인씨. 안녕하세요." 그랬더니 문후보고 말했다. '아시겠지만 제가 이번에 대선 출마를 했습니다. 저를 지지해주시면 정말 감사하겠습니다.' 아직도 얼떨떨한 상태에서 대답했다. '물론이죠. 문후보님 팬이에요. 좀 놀랍긴 하네요. 직접 전…' 갑자기 문후보님이 내 말을 끊었다. '제 의제들과 공약을 듣고 싶으시면 1번을 눌러주세요. 직접 안내 요원과 통화….' 나는 바로 전화를 끊었다.

그렇다. 녹음된 전화였던 것이다. 왜 몰랐을까. 다만 이번이 처음이어서 몰랐던 것뿐이다. 어쨌건 그건 중요하지 않았다. 내가 녹음된 전화목소리에 대답을 하고 있는 걸 누가 보지 않았나 확인을 해야 했다. 기계로부터 온 전화에게 말을 하고 있는 걸 누가 보고라도 있었으면 내가 얼마나 웃겨 보였을까. 다행히 아무도 눈치채지 못한 것 같았다.

그날 밤 집에 와서 아내에게 회사에서 있었던 일을 말해주었다. 아내가 너무 웃는 바람에 솔직히 기분이 조금 상했다. 다음 날 엔지니어로 일하고 있는 동생에게 전화가 왔다. '안녕하세요. 이 전화는 자동 녹음전화입니다. 동생과 통화하고 싶으시면 1번을 누르세요.' 그렇다. 아내가 주변 사람들에게 내 얘기를 모두 해버린 것이다. 믿을 수가 없었다. 내가 아는 모든 사람들에게 웃음거리가 되다니.

08. 미국 범죄자

이 글은 허구입니다. 이름, 등장인물, 장소와 사건사고는 저자의 상상의 산물이거나, 허구적으로 사용된 것입니다. 실제 사건이나, 현재 살아있거나 사망한 지역인물이나 기타 개인 등과 유사한 점이 있다면 이는 우연입니다.

한국에 2~3년 전 들어온 중국 태생 미국인 K씨는 최근 가중폭행과 차량절도 혐의로 서울에서 체포되었습니다. 20대 초반의 한국인 남성이 K씨가 한밤중에 자동차 절도를 시도하는 것을 목격했습니다. 싸움이 일어났고, K씨는 근처에 있던 부러진 야구 방망이를 들어 한국인 남성의 머리를 여러 차례 가격했습니다. 나중에 알고 보니, L씨는 남자를 공격할 당시 이미 절도 차량을 몰고 다니고 있었습니다. 곧 공식 기소될 예정이고 이후 재판을 받게 됩니다. 최대 5년 형을 받을 수 있습니다.

K씨는 당시 술에 취해있어서 그날 밤 일어난 일을 전혀 기억할 수 없다고 합니다. 하지만 경찰은 K씨가 거짓말을 하고 있다고 보고 있습니다. 차량 절도와 가중폭행은 심각한 중범죄입니다. 희생자가 죽기라도 했으면 어떻게 되었을까요. 그랬다면 K씨는 과실치사 혐의를 받게 됩니다. 과실치사는 종신형을 받을 수도 있는 심각한 범죄입니다.

또 다른 사건입니다만, 남자 두 명이 지난 일요일 발생한 살인사건과 관련해 체포된 상태입니다. 두 사람 모두, 흥분한 상태에서 남성 한 명을 살해했다고 자백했습니다. 용의자들은 죽은 남자가, 그러지 말라고 하는데도 계속해서 두 남자 중 한 명의 여자친구를 괴롭혔다고 합니다. 모든 혐의에 대해 유죄판결을 받게 되면, 두 사람은 종신형을 받을 수도 있습니다.

한국에 있는 미국인들이 연루된 이러한 사건들은 한국인들의 한국거주 미국인들에 대한 시각에 악영향을 끼칩니다. 실제 통계 수치를 보면, 한국을 방문하는 미국인들의 대다수는 법규를 잘 준수하는, 개미 한 마리 죽일 줄 모르는 좋은 사람들입니다. 이따금씩 한국 주둔 미군들이 끔찍한 범죄를 저질렀다는 보도를 접하면, 한국 사람들은 미군들을 모두 싸잡아 안좋은 말들을 하곤 합니다. 이런 행동은 합리적인 행동이 아닙니다. 미국인들이 한국인들보다 더 범죄를 저지르거나 하진 않습니다.

09. 북한과 핵무기

이 나라는 엄밀히 말하자면 아직 전쟁 중인 세계에서 유일한 국가이다. 1953년 정전협정으로 한국전쟁은 실질적으로 끝났지만 아직도 우리는 북한이 유발하고 있는 지속적인 안보위협 속에 살고 있다.

한반도와 관련된 논의에서 절대 빠지지 않는 주제는 물론 핵무기다. 기아에 허덕이고 있는 북한은, 핵무기야말로 전 세계가 북한에 관심을 갖게 할 만 한 유일한 협상카드라고 믿고 있다. 새 지도자 김정은은 전대 독재자였던 김정일보다도 더 지독하다고 여겨지고 있다. 6자 회담도 지금까지 의미 있는 결과를 끌어내지 못하고 있다.

결과적으로, 북한이 핵무기에 매달리지 못하도록 할 만 한 방법이 우리에겐 거의 없는 실정이다. 이 북쪽의 공산국가는 시기에 따라 다른 이름으로 불려왔다. 몇 십 년 전에 2백만 명 이상의 주민이 대기근으로 숨졌을 때, 북한은 '국제적 부랑아'로 불렸다. 첫 핵실험을 했을 때는 '깡패국가'로 불리기도 했다. 어느 모로 보나 북한은 실패한 국가의 전형이다.

우리가 할 수 있는 일이 별로 없다고 해서 그냥 가만히 앉아 있어야 하는 것은 아니다. 북측의 심경이 바뀌길 기대하면서 계속 북한과 대화를 시도해야 한다. 결국, 가난에 허덕이는 북한도, 외부세계의 도움 없이는 10년도 버티지 못할 것이라는 점을 너무도 잘 알고 있다.

10. 지하철에서 화장하기

시대가 너무 빨리 변하고 있어서 변하는 시대에 적응하기가 어렵다는 생각을 하곤 한다. 20대 초반 젊은 사람들 사이에서 쓰이는 그 많은 이상한 약어들 때문에 이따금씩 당황하기도 한다. 이런 단어들을 들으면 당황할지언정 기분이 상하진 않는다. 하지만, 내가 보기에는 '인간의 교양', 말하자면 기본예절에 대한 모독에 해당하는 일을 하는 사람들을 보면 기분이 상하거나 화가 나기도 한다. 더 힘든 것은, 대부분의 사람들이 공유하고 있을 것이라 여겼던 가치관이 크게 변화하고 있다는 점이다. 오랫동안 못된 행동으로 여겨져 왔던 행동에 대해 점차 젊은 세대는 더욱 관대해지곤 한다. 이런 것들 중 하나가 지하철에서 화장하기인 것 같다.

나는 종종 지하철에서 화장하는 여성들을 본다. 그냥 립스틱을 바르는 정도를 말하는 것이 아니다. 이 사람들은 파운데이션, 아이라이너, 마스카라 등 이름도 모르는 온갖 종류의 화장도구들을 모두 꺼낸다. 그 사람들을 보면 기분이 언짢아진다. 어떤 여자분들은 남이야 화장을 하던 뭘 하던 너나 잘하세요 라는 식으로 말할지도 모른다. 이렇게 반박을 하는 분들을 만나면, 나는 스스로 타당한 이유를 찾아내려고 하는 것 같다. 화장 분진이 여기저기 날려서 사람들의 폐로 들어갈 수도 있다. 아니면, 어떤 사람들은 화장품에서 나는 냄새를 싫어하기도 한다. 하지만, 솔직히 생각하면, 나도 그런 것들이 타당한 이유는 아니라는 점을 알고 있다. 향수 많이 뿌렸다고 사람들에게 화를 내지는 않지 않는가.

결국 나나 다른 많은 사람들이 지하철에서 화장을 하는 모습을 보면서 짜증이 나는 이유는 '사적 행동의 공개적 노출'에 있다는 점을 깨닫게 되었다. 사적으로 해야 하는 행동들이 있다. 사람들이 지하철에서

양치질을 하거나 면도를 하지 않는 이유는, 그런 행동은 집이나, 최소한 다른 사람들도 똑같이 그런 행동을 하고 있는 곳에서 하는 것이라는 공동의 합의가 있기 때문이다.

'미(美)의 신비감'이라는 측면에 대해서도 얘기해볼 수 있다. 공공장소에서 화장을 하는 것이 그런 신비감을 파괴할 수도 있다는 것이다. 사실 이 부분은 나도 잘 모르겠다. 그것은 보는 사람들의 문제이지 화장을 하는 사람들의 문제는 아니기 때문이다. 그렇긴 해도, 공공장소에서 화장을 하면, 실제 얼굴은 누구로부터 숨기려고 하는 것인가? 화장을 하는 이유는 공적인 장소에서 더 잘 보이려고 하는 것이 아닌가. 아니면 화장은 자기 만족을 위한 것인가? 그렇다면 애초에 왜 공공장소에서 화장을 하는 것인가.

사실 이러쿵저러쿵 얘기해도 별 의미는 없는 것 같다. 어떤 사람들은 공공장소 애정표현도 아무렇지도 않게 생각한다. 지하철에서 그런 사람들을 보면 언짢긴 하지만,

결국은 변화하는 태도에 나도 순응해야 한다는 것을 알고 있다. 사람들은 변한다. 그래서 나는 스스로 '그래 그냥 그런가 보다 하고 지나가자'라고 다짐한다.

11. 좋은 경제, 나쁜 경제

2008년 대침체로 세계경제는 멈춰버렸다. 미국에서 오랜 기간 동안 곪아왔던 주택시장 거품이 터지고, 미국 경제가 무너지면서, 전세계를 충격에 몰아넣었다.

세계 최대 경제대국이 재채기를 하면, 전 세계가 감기가 걸린다. 주택 가격이 폭락하자, 차압건수가 급등하고, 이에 따라 중산층의 구매력이 크게 줄게 되었다. 달러화가 평가절하 되어, 원화가 상대적으로 강세를 보이게 되었다는 말이다. 이는 한국 경제에 일반적으로 말해 악재이다.

사실상 천연자원이 거의 없는 한국은 수출 주도형 경제성장을 추구해왔다. 미국과 전 세계가 우리 상품을 덜 사게 되면, 그 피해

는 우리에게는 더 클 수밖에 없다. 달러화 가치가 하락하면, 다시 말해, 원화가 평가절상되면, 똑 같은 달러로 살 수 있는 원화가 적어진다. 수출기업들은 달러로 대금을 받기 때문에, 이렇게 되면, 같은 제품을 팔고 사실상 돈을 덜 받게 되는 셈이다. 기업들이 어려워지면, 직원 봉급이 줄고 일자리가 줄기 때문에 근로자들 역시 고통을 받게 된다. 쓸 돈이 줄어들면 사람들은 보통 소비를 줄인다. 그러면 기업들도 더 힘들어진다. 그렇게 악순환은 계속되는 것이다.

정부의 역할이 이 때 필요하다. 정부가 사용할 수 있는 무기는 두 가지다. 통화정책과 재정정책. 정부가 재정정책을 '완화'한다고 하면, 그것은 돈을 더 찍어내고/내거나 금리를 인하해서 경제에 더 많은 돈이 유입되도록 한다는 의미이다. 재정정책은 정부의 재정과 관련이 있다. 정부는 공공근로사업을 고안해내서 단기적으로 사람들을 고용하고, 그래서 돈을 쓸 여력을 갖게 할 수도 있고, 자금부족에 시달리는 기업이나 개인을 돕기 위해 감세를 할 수도 있

다. 혈류속도가 떨어지거나 혈관이 막히면 몸에 이상이 생기는 것과 마찬가지로, 돈이 잘 돌지 않으면 경제가 병에 걸린다. 그런 신용경색을 해결하는 것은 정부의 일이다.

하지만 경제라는 것은, 몸과 마찬가지로, 그렇게 단순하지 않다. 상황을 호전시키려는 정부의 그런 노력에도 불구하고, 한국 경제와, 또 그런 측면에서는 세계경제도, 개선의 여지가 보이지 않고 있다. 상황이 나아지지 않고 있는 이유의 일부는 여기서 찾을 수 있는 것이다.

12. 미국 의료보험

어느 날, 몸이 너무 아파서 병원에 가야겠다고 생각했다. 기본적인 검사를 마치고 의사 선생님이 심각한 표정을 짓더니 근처에 있는 병원에 진단서를 써줄 테니 가보라고 했다. 불안하고 두려운 마음으로 그 다음 날 병원에 갔다. 선생님은 혈액검사와 CT검사를 포함해 여러 검사를 받도록 했다. 배가 아팠던 것은 진통제를 맞고 곧 나아

졌다. 몇 시간 정도 지나고 나서 의사선생님이 큰 문제는 없다면서 처방전을 써주셨다. 그래서 혹시나 하는 마음에 진짜 집에 그냥 가서 쉬어도 되겠느냐고 물었더니 걱정 말라고, 괜찮다고 했다. 거의 병원을 도망 나오다시피 빠져 나온 뒤 약을 사러 약국으로 갔다.

안도의 한숨을 쉬면서 괜찮을거야, 하고 생각했다. 하지만 이걸로 끝이 아니었다. 의료비 청구서를 받아서 봤더니 합쳐서 수천 달러나 되었다. 사실 왜 그렇게 많은지 나도 알고 있었다. 보험 가입이 안되어 있던 것이다. 그렇다. 나는 건강보험에 가입이 안 되어있는 3700만 미국인들 중 하나다. 한 번은 조만간 보험에 가입해야지 생각한 적이 있었지만 그 이후 2주 정도 슈퍼에 들러 장을 보러 다니면서 그 생각은 잠시 접어두었었다.

요즘도 약을 계속 먹는다. 몇 주에 한 번씩 약을 타러 병원에 가야 하는데, 그 때마다 그렇지 않아도 돈 나갈 곳이 많은데 매 번 몇 백 불씩 늘어나고 있다. 그 밖에도 일반 의약품 사는 데 드는 비용 때문에 부담은 더 가중된다.

이웃에 사는 70대 노부부는 메디케어 보장을 받고 있어 처방약품 비용을 절반만 내면 된다. 몇 년 전에는 민간의료보험에도 가입했다. 월 보험료가 100불에, 본인부담금 상한선은 연간 150불에 불과하다. 보통 병원에 갈 일이 있으면 본인부담금은 3불만 내면 된다고 한다.

최근, 모든 사람들에게 건강보험을 제공하자는 취지의 오바마 대통령의 건보개혁안이 의회를 통과했다. 하지만 아직 세부사항들은 정리가 되지 않은 상태다. 최종 마무리가 되기 전까지는 아프면 안된다. 또 죽을 만큼 아프지 않는 한, 병원 근처엔 얼씬도 하지 말아야겠다.

13. 혼자 두는게 나아

내 조그만 붕어가 더 이상 움직이지 않는다. 나는 이 조그만 10cm밖에 안되는 새끼 붕어를 1년 전쯤 근처 저수지에서 잡았다. 알다시피, 난 낚시광이다. 처음 잡았을 때, 너무 작아서 웃음이 나올 정도였다. 하지만 곧, '잠깐만. 이 녀석, 우리 집에 있는 두자짜리 수족관에 가져다 넣으면, 항상 먹기만 하고 있는 열 몇 마리 되는 작은 열대어들하고 잘 어울리겠네' 하고 생각했다. 사실 수족관에 있는 조그만 열대어들에 비하면, 붕어는 포악한 포식자와 같다. 지금은 손바닥 정도 크기지만, 이 조그맣고 귀여운 붕어가 우리 집 TV옆에 3년 동안 놓여있던 지루한 수족관 세계를 좀 더 활기차게 만들 수 있을 것이었다.

그래서 잡은 자리에서 바로, 비닐봉지를 꺼내 물을 좀 담고, 그 안에 붕어를 넣어 집에 살려 가져오기로 했다. 집에 오자마자 봉지에서 꺼내 수족관에 넣었다. 불쌍한 이 녀석은 무척 당황한 것처럼 보였다. 눈을 봐도, 수족관에서 돌아다니는 모양을 봐도, 수족관 안에 있던 돌 뒤에 숨으려고 하는 걸 봐도, 당황한 기색이 역력했다. 이 녀석을 덩치 크고 자신감 넘치는 수족관의 보스로 키워보겠다고 마음을 먹었다. 수족관에서는 귀엽긴 하지만 통통한 작은 녀석들이 점점 몸집만 커지고 있으니 말이다. 덩치 큰 녀석이 들어가 있으면 살 좀 뺄 수 있을지도.

정말 처음 몇 달 간은 잘 적응하고 있었다. 그런데, 반년 정도가 지나고 나서, 녀석의 비늘이 이상해지기 시작했다. 내 예상과는 달리, 녀석이 잔챙이들에게 오히려 괴롭힘을 당하고 있는게 아닌가 하고 생각했다. 살펴보니, 수족관에 먹이를 넣어줄 때마다 다른 녀석들의 등살에 밀려나고 있는 것 같았다. 매 주 시간이 갈수록 여위어가는 것 같았다. 그냥 두면 안되겠다 싶어서 비싼 열대어 사료를 사가지고 왔다. 그래도 상황은 변하지 않았다. 녀석을 집에 데려온 지 1년이 좀 안되었을 무렵에는 거의 죽기 직전인 것처럼 보였다. 너무 미안한 생각이 들어, 어느 날 녀석을 따로 떼어놓아야겠다고 생각하고 조그만 새 어항을 사왔다. 밤늦게 집에 오자 마자, 녀석을 꺼내 새로 산 어항에 넣어주었다. 한두 시간 정도 잠자리에 들 수 없었다. 아직 괜찮은지 확인해야 했기 때문이었다. 그러다가 새벽 1시 쯤이 되어서 잘 있나 보러 가봤더니, 녀석이 움직이지 않고 있었다. 더는 움직이는 않는 것이다. 죽은 것이다. 너무 마음이 아파 눈물이 났다. 나는 몇 번이나 속으로, 애초에 녀석을 데려오는게 아니었다고 되뇌었다. 이 조그만 녀석은 내가 집에 데려오지만 않았어도, 저수지에서 잘 살고 있었을 것이다. 다음 날 나는 녀석이 좋은 곳으로 가기를 바라며, 바깥 정원에 조그만 무덤을 만들어 주었다. 어떤 때는 사람이나 동물, 무엇이라도 내가 관여하지 말고 그냥 있는 그대로 두어야 하는 것이라 생각했다.

14. 비밀 폭로되다

모든 부모에게 있어서 크리스마스 전까지 몇 주간은 살얼음판을 걷는 것과 같다. 결국 본인이 산타라는 낌새를 전혀 눈치채지 못하게 하면서, 산타클로스에게 아이가 받고 싶은 선물이 무엇인지 알아내야 하는 것이다.

나의 경우, 다섯 살짜리 딸에게서 그걸 알아내는 건 식은죽 먹기였다. 그냥 물어보기만 하면, 아이는 크리스마스때 받고 싶은 선물 목록을 늘어놓는다. 어차피 전혀 눈치채지 못할 것이다. 하지만, 내 아내처럼 경험이 많은 엄마들에게도, 10살짜리 아들에게서 그것을 알아내는 일은 절대 쉽지 않다. 어떤 것이 갖고 싶은지 직접 물어보기라도 하면, 그 10년 묵은 비밀은 한 방에 발각이 나게 되는 것이다. 사실 10살이면 아직도 산타를 믿겠느냐고 생각하는 사람이 있을 지도 모르겠다. 그 정도 되면 사실 다 알 정도 나이니까 말이다. 필요한 정보는 어차피 학교에 다 있지 않은가. 옆에 앉은 짝궁은 웃으면서 아이에게 말할 것이다. '바보야. 그거 다 만들어낸 거야!' 결국 교실 뒷자리에 앉아 있던 그 친구가 아기가 어떻게 생기고 어디에서 나오는지도 모두 다 알려주지 않았던가.

나 역시 아들이 설마 아직도 산타가 진짜라고 믿는건가 의심이 들기도 했다. 하지만, 여러 차례에 걸쳐 유도심문을 한 결과, 이 아이가 아직도 그 북극 출신 수염아저씨를 믿고 있다고 아내나 나 모두 철석같이 믿게 되었다. 아들은 심지어 이렇게 묻기도 했다. '아빠, 산타 할아버지는 우리가 크리스마스 선물로 뭘 받고 싶어하는지 어떻게 알아?' 난 아마 이렇게 대답했던 것 같다. '글쎄, 아빠도 잘 모르지만, 그냥 어떻게 알게 되나 봐'. 그래서, 발각되지 않을 것이라고 확신하고는, 아내와 나는 아이가 그렇게 좋아하는 '롯데 자이언츠' 로고가 새겨진 후드자켓을 온라인 쇼핑몰을 뒤져 찾아냈다. 그렇다. 아이가 원한 것이 바로 그것이었다. 며칠 전에 아이의 일기장을 살짝 들춰볼 수 있었던 것이다.

크리스마스 이브 저녁이었다. 저녁 9시쯤, 전형적인 기대에 가득 찬 아이의 얼굴을 하고는 아들이 이제 자러 가야겠다고 말했다. 평소 같으면 아무리 일러도 저녁 10시는 되어야 잠자리에 드는 녀석이 말이다. 30분쯤 뒤에 우리는 포장한 선물을 조심스럽게 아이 침대 옆에, 산타가 직접 쓴 편지까지 넣어서 내려 놓았다.

다음 날 아침, 나는 아이들의 좋아서 웃는 얼굴을 보려고 일찍 일어났다. 다섯 살 짜리 딸은 일어나서 선물을 보고는 좋아 울음을 터뜨릴 지경이었다. 아들은 오른 손에 선물을 들고 방에서 나왔다. 그리고 아이가 입가에 미소를 슬쩍 짓는 것이다. 우리를 보더니 아들은 '고맙습니다 아빠, 엄마'. 심장이 철렁 내려앉았다. 하지만 그래도 혹시나 하는 마음에 말했다. '왜 우리한테 고마워? 그건 산타클로스가 주신 거야. 하하'. 아들이 웃으면서 말했다. '아빠, 나 이제 11살 되요. 내가 바보인줄 아세요? 산타클로스는 원래 세인트 니콜라스인데 전설에나 나오는 인물이에요. 현대판 버전은 신터클로스라는 네덜란드 사람에게서 유래 됐구요." "신터...뭐?" 내가 말을 더듬으며 말했다. 그리고 나서 아들은 한동안 산타클로스의 기원에 대해 장황하게 설명을 해주었다.

아내와 나는 아무 말도 하지 않고 서로를 쳐다 보았다. 곧, '풀이 죽은' 채 우리는 아침을 먹었다. 그렇게 그 날이 지나갔다. 우리는 아들에게 어떻게, 아니 언제 그걸 다 알게 됐느냐고 물으려고도 하지 않았다. 그냥 알고 싶지 않았다. 그 날 우리 집엔 어른 한 명이 더 생겼다.

15. 스미싱

피싱 사기는 최소한 한국에서는 사라졌다. 인터넷에서 피싱이 사라진 것은, 사람들이 이제 잘 속지 않게 되었다는 요인이 가장 크다. 한국 가정 중 90%가 광대역 인터넷을 사용하고 있다. 인터넷은 이제 삶의 일부가 된 것이다. 약 10년 전에 비해 사람들은 인터넷을 훨씬 더 잘 알게 되었다. 그러나, 사기꾼들도 그와 함께 진화해왔다. 요즘 사기꾼들은 하이퍼링크를 포함한 문자를 보낸다. 그 링크를 클릭하면, 순식간에 사기를 당하는 것이다. 월말에 요금 고지서가 나올 때까지는 사기를 당했다는 사실조차 모르게 된다. 사기로 빠져나간 돈은 요금 고지서에 추가요금으로 붙는데, 사용했다는 서비스는 난생 처음 들어보는 이름인 경우가 많다. 한 추산치에 따르면, 이런 식으로 당한 피해액이 작년 5십만 달러에서 올해 5백만 달러로 크게 늘었다고 한다. 이 정도면 매우 큰 금액이다. 더구나, 사기당한 돈이 회수된 사례는 거의 없다.

사기꾼들은 워낙 교묘하게 피해 다녀서, 사기꾼이 잡혔다는 얘기는 거의 들을 수가 없다. 사실, 경찰은 핸드폰 사용자들에게 사기피해를 입지 않기 위한 지침을 주고 있다. 1. 핸드폰으로 발송되는 문자에 있는 링크를 클릭하지 마시오. 2. 핸드폰에 해킹방지 어플을 설치하시오. 3. 개인 정보를 전화나 기타 방법으로 넘겨주지 마시오.

우선, 경찰은 사람들에게 조심하라고 경고부터 할 것이 아니라 범죄자를 먼저 잡는 일부터 해야 하는 것이 아닌가. 물론 경찰이 항상 쫓는 입장이라는 것은 알고 있다. 사기꾼들은 항상 한 발 앞서 있기 때문이다. 그렇다면 경찰은 정말 사기꾼들을 쫓고 있는가. 그렇지 않다. 경찰은 저 썩ㅇ… 아니 나쁜 사람들을 잡아들이려고 노력하고 있지 않다. 그냥 우리에게 경고만 하고 있는 것이다. 뭔가 잘못 되도 크게 잘못 되고 있다.

사실 따지고 보면, 경찰만 탓할 수는 없다. 그도 그럴 것이, 경찰이 할 수 있는 일이 별로 없다. 이동통신 사업자들은 문자를 대량으로 몇몇 알려진 대기업들에게 판매하고, 또 그 기업들은 문자를 수많은 작고 큰 구매자들에게 묶어서 팔고 있다. 바로 이 최종 구매자들 중에 사기꾼들이 숨어있는 것이다. 바로 이들이 무작위로 문자를 대량 발송하고 있다. 이들은 핸드폰에 가짜 발신번호를 남겨두기 때문에, 문자를 보낸 사람을 찾아낼 방법이 없다.

발신자표시제한 자체를 금지하면 된다. 사실 바로 그렇게 하도록 하려는 훌륭한 법안이 의회에 계류중이다. 그런데 그 법안은 벌써 1년 가까이 계류중이다. 그러니, 스미싱의 잠재 피해자들인 우리는, 현재로서는, 피해를 입지 않기를 바라면서, 의심스러워 보이는 문자는 모두 지우는 수 밖에 없다.

16. 바보 같은 실수

난 차를 정말 좋아한다. 특히 멋진 녀석들 말이다. 지금은 7년 된 현대차를 타지만, 전세계 모든 남자들처럼 나도 드림카가 있다. 거리를 걷다가 멋진 차를 보기라도 하면 눈을 뗄 수가 없다. 하지만, 작고 배기량이 높은 2인승 스포츠카는 내 스타일이 아니다. 포르쉐가 멋지긴 하지만, 차라리 지프 그랜드 체로키나 랭글러를 타는 것이 낫다. 캐딜락 에스컬레이드가 그 다음 순위쯤 된다. 폭스바겐 투아렉도 좋다. 이런 차들은 딱히 천문학적으로 비싼 것은 아니지만, 고민하다가 결국은 현대나 혼다를 선택하게 된다.

내가 SUV를 좋아하는 것은 아마, 큰 트렁크 때문인 것 같다. 난 낚시광이다. 낚시 장비는 BMW 승용차 트렁크에는 절대 못 싣는다. 그럼 X5는 왜 안되느냐고 생각할 지 모른다. X5가 좋긴 하지만 한국에서 BMW는 가격이 제일 부풀려지는 차다. 미국에서는 세금 포함해서 6만 불이 좀 안 되는 X5가 한국에서는 9만 불을 넘으니 말이다. 우리를 호갱님으로 보고 있는 것이다. 뭐 투덜거릴 일은 못된다. 어차피 6만 불이라도 못 살 테니. 하지만, 드림카는 꿈에서나 몰 수 있는 차니까 드림카 아닌가.

사고 싶은 SUV 얘기는 그만 하자. 일생 일대의 실수 얘기로 넘어가 보자. 때는 인피니티 M37이 막 출시되었을 무렵이었다. 아마 2011년도였던 것으로 기억한다. 길을 걷다가 신호등에 멈춰 서 있는 최신 M37 모델을 보게 되었다. 너무 놀랐다. 너무 멋진 모습이었다. 반짝이는 진주색 M37에 시선을 고정한 채 천천히 걷고 있었다. 그걸 사려고 생각중이었던 것이다. 낚시야 좀 나중에 하지 뭐, 하고 마음을 먹고 있었다. 고개를 돌려 계속 차를 보면서 걷고 있었다. '쾅!' 눈을 떠 보니 길바닥에 내가 누워 있었다. 사람들은 걱정스런 모습으로 날 쳐다보고 있었다. 어떤 사람들은 날 보고 웃고 있었던 것 같다. 그렇다. 난 가로등이나 전봇대 같은 것에 부딪힌 것이다. 일어나서 자리를 뜨고 나서야 고통이 밀려오기 시작했다. 이마 오른쪽 전체가 부어 오르고 있었고 건드리기만 해도 아팠다. 아, 이런 바보 같은… 하고 생각했다.

17. 큰 소리가 무서워

내가 왜 이런지는 모르겠지만, 난 큰 소음에 무척 민감하다. 특히 큰 트럭이 내는 경적소리를 듣게 되면 거의 까무러칠 정도다. 도저히 참을 수가 없다. 어느 날 지하철을 기다리고 있었는데, 마침 열차가 승강장으로 들어오고 있었다. 그런데 갑자기 큰 경적을 울리는 것이었다. 천둥소리처럼 느껴졌다. 거의 정신을 잃고 땅바닥에 뻗어 버렸다. 공포? 충격? 뭐라고 부르던 그런 것 때문이었다. 사람들이 나를 빤히 쳐다보았다. 그 망할 소리에 놀란 것은 나뿐인 것 같았다. 당황스런 마음은 곧 분노로 바뀌었다. 전동차가 왜 경적을 울리나. 도대체 이유가 뭔가. 뭐 사실 왜인지는 알고 있는 것 같다. 철로 근처에 누가 있을지 모르니 경고를 하는 것이다. 비슷한 일이 한두 번 길가에서도 있었다. 큰 트랙터 트레일러나 트럭 같은 것이 경적을 마구 울려대며 지나갈 때였다.

나는 퇴직하고 노년에 조그만 농장을 사서 개도 기르고 이따금씩 낚시도 다니면서 살고 싶다. 그러면 이렇게 '깜놀'하는 일은 없을 것이다.

18. 오믈렛

밖에 비가 엄청나게 내리고 있다. 난 문 앞에 웅크리고 앉아 문 손잡이만 바라보며 내 주인 잭을 기다리고 있다. 문이 끼익 하고 열린다. 잭이다! 슬리퍼를 물어다가 앞에 놓는다. 완전히 녹초가 된 모습이다. 금방이라도 죽을 것만 같다. 나를 쳐다보지도 않고 터덜터덜 냉장고 쪽으로 걸어간다. 계란 두 개를 집어 주방으로 힘없이 발걸음을 옮겨 계란을 깬다. 달걀을 휘젓지도 않는다. 내가 달려가서 젓는다. 그런데 잭이 다가와서 사발을 가져다가 프라이팬에 붓고 그걸 가스레인지에 올린다. 이런, 불이 너무 세다. 그러다가는 오믈렛을 망쳐버릴게 분명하다. 내가 가스레인지로 달려가서 불을 줄인다. 잭은 야채를 가져다가 도마 위에 올려놓고 크고 날카로운 칼을 집어 든다. 금방이라도 잠들 것 같은 얼굴이다. 저러다가 손가락이라도 잘릴 것 같다. 안돼! 내가 짖었다. 난 땀을 흘리면서 뒷발로 쓰레기통을 툭 차서 넘어뜨린다. 잭이 한숨을 쉬더니 이쪽으로 온다. 그 사이 나는 주방 테이블로 달려가서 잽싸게 야채를 썰어 그릇에 넣은 다음 프라이팬으로 가져가 털어 넣는다. 잭을 쳐다보니까 아직 내가 어질어 놓은 것을 치우고 있다. 소금 조금하고 몇 가지 양념을 팬에 넣는다. 잭은 이제 막 마지막 쓰레기를 쓰레기통에 담고 있다. 시간이 없다. 아직 오믈렛 계란을 안 뒤집었다. 휴, 다 했다. 난 가스레인지 불을 끄고 오믈렛을 마무리 하고 다시 내 밥그릇 쪽으로 돌아간다. 정말 다행이다. 눈치 채지 못한 것 같다. 잭이 방에 들어가 TV 앞 소파에 앉는다. 이제 막 오믈렛을 먹을 참이다. 난 소파 옆에 앉아 헥헥 거리면서 웃는 얼굴로 잭을 바라본다. 잭이 나를 들어 자기 오른쪽에 앉힌다. 오믈렛을 한 숟가락 떠서 입에 넣었다가 바로 뱉는다. 오믈렛 안에 개 비스킷이 있었다. 밖에 있는 비스킷 박스를 쳐다보더니 다시 내 쪽을 본다. 난 혀를 내밀어 입을 쓰윽 핥는다. 잭이 나를 안아 뽀뽀를 해준다. 나도 잭이 내미는 오믈렛을 한 입 먹는다. 우리는 정말 행복한 가족이다.

19. 음주

올해 70이 되신 아버지는 애주가셨다. 아버지가 30대, 40대였을 때 제일 자주 드나들곤 하셨던 곳은 '옹달샘'이라는 허름한 술집이었다. 뭐, 미국 사람들이 (술집을 가리켜) '식수원'이라고 부르는 데는 다 이유가 있었나 보다. 어머니는 나와 동생을 보내 밤 늦게 술 취한 아버지를 모셔 오라고 보내곤 했던 기억이 난다. 하지만 아버지는 주정뱅이는 아니셨다. 항상 열심히 일하고 사랑으로 우리를 대하는, 이것 저것 기술이 많은 분이셨다. 그렇긴 해도, 아버지가 술에 취해 알아들을 수 없는 말들을 하실 때는 정말 싫었다.

30년이 지난 지금, 아버지의 술 사랑은 기력과 함께 쇠퇴했다. 그런데 이젠 우리 집 아이들이 집에 또 다른 애주가를 모시고 산다. 그게 나다. 난 만취하거나 하진 않는다. 그만 마셔야 할 때를 안다. 도를 넘지 않는다는 말이다. 하지만 술은 종류를 불문하고 다 좋아한다. 한두 번 아내에게 '잊지 못할 추억'을 선사한 것을 제외하면, 술과 관련된 '사고'는 치지 않았다. 난 술버릇이 나쁘지 않다. 하지만 내 친구들이나 그 친구들의 친구들에게는 술과 관련된 사건사고가 많았고, 몇 개를 추려 소개해보겠다.

지금은 50대가 된 이 남자 분은 주차장에서 자다가 아침에 경비 아저씨가 발견했다.

신발은 주차선 바로 바깥에 가지런히 정리되어 있었다고 한다. 내 친구 한 명은 아침에 가방 안을 들여다 보니 마이크가 있었다고 한다. 아마 전날 밤에 갔었던 노래방에서 자기도 모르게 가져온 것 같다고 한다. 이런 재미있는 일들은 다음에 소개할 사건에 비하면 아무 것도 아니다. 때는 2000년대 초반이었다. 당시 20대 후반이었던 이 친구는 서울에서 광란의 밤을 보낸 뒤 아침에 깨어나 보니 부산의 해변에 누워있었다고 한다. 어떻게 400km나 떨어져 있는 부산까지 가게 되었는지는 지금도 모른다고 한다. 이 사람의 술친구들이 전하는 바에 따르면, 이들은 전날 밤 같이 서울의 술집에서 밤 11시쯤 나와 귀가했다고 한다.

최근 한 보도에 따르면, 한국은 러시아와 유럽의 한두 국가를 빼면 평균 음주량이 세계 최고 수준이라고 한다. 한국에서 음주운전 사고가 왜 그렇게 많이 나는지 알 것도 같다. 최소한 상황이 이보다 더 나빠지지 않기를 바랄 뿐이다.

20. 악플

다른 사람들처럼 나도 뉴스는 인터넷으로 본다. 인터넷이 없는 삶은 상상할 수도 없다. 마치, 기존 문명 크기의 또 다른 문명이 갑자기 생겨난 느낌이다. 인터넷이 특히 좋은 이유 중 하나는, 인터넷 상에서는 익명성이 보장된다는 점이다. 각계각층의 사람들이 인터넷이 없던 세상에는 존재할 수도 없었던 거대한 청중을 향해 하고 싶은 말을 할 수 있는 것이다. 하지만, 인터넷에서의 익명성은 축복인 동시에 독이 되기도 한다. 즉, 이 새로운 문명에는 '악플러'라는 끔찍한 종족이 서식하고 있었던 것이다.

이들이 남겨놓는 댓글을 보면 어이가 없다. '이 자식 이제라도 죽어서 다행이네' '이런 식으로 사느니 죽는 게 낫지'. 한달 쯤 전에 불치병인, 선천적 조로증에 걸린 17살 된 미국 소년이 결국 숨을 거두었다는 기사 밑에 달린 댓글들이다. 이 사람들은 이런 끔찍한 댓글들로 인터넷을 점차 야만인들의 땅으로 바꾸어놓고 있는 해충이다.

악플이란 경멸적이고 분란을 일으키거나 자극적인 말들을 온라인상에 남기는 행위를 말한다. 사실 인터넷이 생기고 나서부터 악플은 존재해 왔다. 이것이 우리의 공동체 전체에 주는 정신적 피해를 우리는 잘 알고 있다. 그래서 사람들은 왜 경찰이 이 문제를 나서서 해결하지 않고 있는지 궁금해하고 있다. 이따금씩 연예인이, 온라인상에서 말도 안되는 루머를 만들어 퍼뜨리는 악플러를 고소했다는 등의 기사를 듣는 정도밖에 없는 상황이다. 이 악플 행위를 그냥 놔두면 인터넷은 정보와 지식을 전파하는 그 주된 역할을 더 이상 할 수 없게 될 것이다. 좋은 의도로 작성된 '션플'은 모두 이런 악플에 묻혀버리고 말 것이다.

어떤 사람들은 인터넷 사용자들에게서 익명성을 빼앗으려고 하는 것은 의사표현의 자유와 사생활을 침해하는 것이라고 주장한다. 또한, 실명제를 실시한다고 해도 어차피 일부는 계속 악플을 남기게 될 것이라는 주장도 있을 수 있다. 그러나, 한 가지 분명한 점은, 어떤 말을 하던, 그 말에 책임은 져야 한다는 것이다.

몇 년 전, 유명한 여배우였던 최진실씨가, 어떤 인터넷 사용자가 말도 안 되는 루머를 만들어내고, 수많은 악플러들이 피에 굶주린 하이에나처럼 최진실씨를 괴롭힌 끝에, 결국 자살을 한 사건이 있었다. 최진실씨의 남동생은 2년 뒤 자살을 했고, 전 남편은 2013년 목숨을 끊었다.

한국은 전세계 인터넷 보급률이 가장 높은 나라라는 점을 매우 자랑스러워 한다. 부끄러운 줄 알아야 한다. 우리는 괴상함의 정도가 가장 높은 나라.

21. 헌혈

혈액부족이 심각해 헌혈을 많이 하자는 캠페인이 자주 벌어진다. 그럼에도 피는 계속 부족해 매번 심각한 위기라는 보도가 자주 나오는데 혈액이 모자라면서 만드는 의약품마저도 함께 부족해 큰 위기라고 한다. 알부민이라는 약이 있다. 이것은 피 속의 단백질을 보충해 주는 약이어서 큰 수술이나 긴급 수술을 받을 때 반드시 필요하다. 만약 알부민을 제때 처방 받지 못하면 장기 이식 환자나 교통사고 환자, 화상 환자 같은 경우에 혈압이 떨어지고 쇼크상태가 와서 사망할 수도 있다. 알부민을 만드는 원료가 바로 혈액이다. 하지만 헌혈이 적다 보니 알부민 제조가 어려워지고, 제때 확보하지 못하는 병원들은 만약의 사태에 대비해 아주 불가피한 상황이 아니면 아예 알부민 처방을 최소화한다는 것이다.

알부민의 원료는 혈장이다. 그러나 헌혈 자체가 부족한 상태에서 이런 원료 확보 자체가 어려운 것이다. 일반 공산품 같은 것은 수입을 해서 쓴다고 하지만 혈액이나 그 원료는 수입도 쉽지 않은 게 당연하다.

헌혈자가 늘기를 마냥 기다리고 있을 수는 없다. 혈액 부족으로 인해 심각한 상황이 닥치지 않도록 서둘러 대책을 마련해야 할 것이다. 만약 혈액부족 대란이 올 경우 돈 있는 사람들이야 위급 시 무슨 수를 써서라도 자기 몸 치료를 하겠지만, 그 피해가 고스란히 돈 없는 서민들에게만 전가되지 않을까 걱정된다. 헌혈은 선택이 아니다. 헌혈은 이제 시민의 필수적인 의무이기도 하다.

22. 보신탕

나는 개고기를 먹지 않는다. 개고기를 음식으로 즐긴다는 것은 상상도 할 수가 없다. 그러나, 미국이나 다른 서양 국가들에서 나오는 일부 뉴스보도를 보면, 오류들도 그렇고, 이 문제를 이슈화하려는 의도가 보여 좀 기분이 나빠진다. 먼저, 한국에서 개고기를 먹는 사람들은 5~10% 정도밖에 안 된다. 게다가, 개고기를 먹는 사람들은 대부분 50대 이상이다. 젊은 세대는 개를 음식으로 보지 않는다. 일부 해외 언론이 잘못 알고 있는 것과는 달리, 개고기를 먹는 사람들도, 집에서 키우는 가족인 애완견을 먹는 건 상상도 못할 일이다.

하지만 여기서 중요한 것은 한국인 대부

분이 개고기를 먹느냐 먹지 않느냐 하는 것이 아니다. 여기서 중요한 것은, 개고기를 먹는 것이 나쁜 것인가 하는 점이다. 역사적 기록을 살펴보면, 유럽 일부 국가들도 개고기를 먹곤 했다. 중국인과 한국인들 중 일부는 아직도 먹지만 말이다. 먼 과거, 한국인들이 개고기를 먹었을 때, 그것은 생존의 수단이었다. 기아사태가 만연해 있었고, 소고기나 돼지고기는 대부분의 사람들에게는 너무 비쌌다. 개고기를 먹어야 했을 때는, 그것 말고는 다른 음식이 없었던 것이다.

좀더 논지에 부합한 얘기를 하자면, 개고기를 먹는 것이 잘못된 일은 아니라는 점이다. 서방에서는 흔히 개는 인간의 가장 친한 친구라는 생각을 갖고 있다. 하지만 우리는 그렇지 않다. 최소한 100년 전에는 그랬다. 오리가 가장 좋은 친구라며 푸아그라나 오리고기를 먹는 사람을 비난할 수는 없다. 오리가 인간의 가장 좋은 친구가 될 순 없다는 생각은 마시라. 어떤 사람에게는 오리가 인간의 가장 좋은 친구다.

한국의 개고기를 먹는 문화가 전혀 문제가 없다는 것은 아니다. 지금 필요한 일은 법과 규정에 관한 문제다. 개는 가축이다. 하지만, 소나 돼지와는 달리, 개는 축산물가공법의 적용을 받지 않는다. 쉽게 말해, 개고기는 최소한 이론상 존재하지 않는다. 그런데 여전히 한국에는 개고기 도살장이 많이 있고, 그 도살하는 방식을 보고 있노라면, 심지어 개고기를 먹는 사람들도 역겨워 할 정도다. 한국이 해외 언론에서 조롱을 받는 가장 큰 이유 중 하나가 바로 이것이다. 그런데도 당국에서는 개를 음식으로 인정하지 않는데, 그 이유는, 만약 그렇게 하면, 많은 국가로부터 또 한국을 방문하는 외국인 관광객으로부터 비난을 받게 될 것이 뻔하기 때문이다. 문제를 못본 척 한다고 해서 문제가 사라지는 것은 아니다. 이제 개고기를 합법화하고 도살장을 규제해서, 동물학대 행위에 엄벌을 가해야 할 것이다. 또, 개고기를 먹는 것에 격분하는 사람들에게 '합리적 사고'를 할 것을 촉구하는 바이다.

우리 집에는 앵무새 두 마리가 있다. 보리와 보아다. 정말이지 너무 예쁜 녀석들이다. 설마 그럴 리는 없지만 혹시라도 일부 유럽 사람들이 앵무새 고기를 먹는다는 얘기를 듣게 되면, 나는 그 사람들을 증오할 것이다. 하지만, 그냥 모른 채 할 것이다. 개고기에 관해서도 우리는 모두 그렇게 해야 한다.

23. 호스피스

현재 우리나라의 암 환자는 58만명 정도이며 매년 그 중 6만명이 암으로 숨지고 있다고 한다.

누구나 자신이 죽을 때까지 암은 찾아오지 말기를 바랄 것이다. 하지만 그것은 불가항력이기 때문에 불운하게도 암을 얻어 임종의 순간을 맞는 것 또한 숙명일 수밖에 없다.

암 발병 후 치료하는 것도 중요하지만 어쩔 수 없이 사망할 경우 환자의 품위 있는 임종을 도와주는 것 또한 우리 사회의 중요한 책무다.

암 환자의 임종을 지켜주는 의료 시스템이 호스피스 제도다. 말기암 환자는 임종 한 두 달 전부터 호스피스 병동에서 입원 치료를 받으면서 삶을 정리하며 가족들과 마지막 시간을 함께한다. 본인이 외롭지 않고 삶에 대해 감사하다는 것을 늘 느끼게 해준다. 통증과 호흡곤란을 호소하면 의료진이 즉시 달려와서 처치해 준다.

결국 호스피스란 말기암 환자가 품위 있는 임종을 맞게 하고 그 과정에서 고통으로부터 자유로울 수 있게 해주는 프로그램이다. 실제로 대다수의 말기암 환자들은 불필요하고 고통스러운 화학요법 치료를 받다가 결국 고통스럽게 죽게 되기 때문에, 이런 도움은 큰 의미가 있는 것이다.

하지만 우리나라 호스피스 병상은 전국에 600여개뿐이다. 전국의 말기 암 환자 숫자로 볼 때 필요 병상의 4분의 1도 되지 않는 규모라는 게 문제다. 상황이 이렇다 보니 말기 암 환자 3분의1 정도는 사망 한달 전까지 일반 병원에서 불필요한 항암치료를 받으며 고통스럽게 죽음을 맞이 있다.

호스피스 병동은 특성상 많은 의료진이 필요하다. 그러다보니 의료수가가 비싸지는데 병원들은 적자가 무서워 호스피스 병동을 늘리지 못하는 것이다. 병원들이 돈이 안된다는 이유로 중환자실과 응급실 활용을 줄이는 것과 흡사하다. 그렇다고 수익이 없는데 병원들에 무작정 호스피스 병동을 늘리라고 강요 할 수는 없다. 정부가 왜 있는 것인가. 다른 부분에서 예산을 아껴서라도 호스피스 병상 수를 늘릴 수는 없는 것인가.

24. 서울에서 홀로서기

서울 생활을 시작한 지도 벌써 8년이 다 되어간다. 지방에서 20년을 보냈기에 서울에 대한 막연한 두려움이 컸다. 서울 생활을 하는 것은 처음이었기 때문에, '서울은 공기도 더럽고 물도 더러워서 도저히 살 수 없을 거야. 게다가 서울에는 범죄자가 많잖아' 하는 생각이 들었다.

무엇보다, 서울에서 여자 홀로 살아간다는 것은 여간 무서운 일이 아니다. 뉴스에서 서울에서 성추행이나 성폭행이나 살인사건이 났다는 보도라도 나오면 온 몸에 소름이 돋을 지경이었다. 내가 혼자 사는 것을 누가 알아채고 혹시 몰래 집에 들어오면 어쩌나 하는 생각까지 들었다. 여러 걱정 끝에, 가족들과 친구들의 조언을 따라 '예방책'을 쓰기로 했다.

작전명: 혼자 안 사는 척 하기. 첫째, 빨래 건조대에 남자 옷을 내 옷과 같이 널어 놓는다. 남동생이 있기에 그걸 구하는 건 어렵지 않았다. 둘째, 우편이나 택배는 다른 사람에게 받아달라고 한다. 남동생이 서울에 올라오면 동생에게 택배를 받게 한다. 셋째, 최대한 눈에 안 띄도록 한다. 난 정말 범죄의 두려움 없이 살려고 무진장 고생을 했다. 그런데 지금 와서 생각해 보면, 난 두려움에 떨며 살았던 것 같다.

그러던 어느 날, '살려주세요' 하고 소리치는 소리가 들렸다. 옆집에 사는 여학생에게서 나오는 소리였다. 난 그 자리에 얼어붙어 버렸다. 아니 왜 '살려주세요'라고 소리를 지를까. 그 때 나는 머리를 말리고 있었다. 아마, 내가 드라이어를 켜서 그 소리를 듣고 소리를 지른 것이었나 보다. 도대체 무슨 일이 벌어지고 있는 것인지 알 수 없었다. 그냥 지나칠 수 만은 없는 일이었다. '경찰을 부를까. 아니야 그러기엔 상황이 너무 급해' 하고 생각했다. 무엇이든 조치를 취해야 했다. 하지만 나 같은 여자 한 명이 무얼 할 수 있단 말인가. 난 드라이기를 다시 켰다. 그 때 또 다시 다급한 목소리가 들려왔다. '살려주세요!'

'혹시 무슨 일이라도 벌어지면 다 내 책임이야' 하고 마음을 먹었다. 성폭행을 당하거나 당장 살인이라도 날 수 있는 일이었다. 그런데 나는 머리를 말리고 있다니. 정말 내가 너무 싫었다. 바로 집 밖으로 뛰쳐나갔더니 옆집에 사는 남자가 서있는 것이었다. 아마 나와 같은 생각으로 나온 것 같

았다. 난 문을 두드리고 말했다. '무슨 일이세요? 괜찮으세요?' 그렇게 말하면서 '아니 무슨 소리야. 안 괜찮겠지. 그러니까 소리를 지르는 거지' 하고 생각이 들었다. 여학생은 힘없는 목소리로 '살려주세요…' 거의 흐느끼는 목소리였다. 그래서 내가 말했다. '무슨 일이에요? 어떻게 도와드리면 되요?' 난 두려움에 떨고 있었다. 잠시 뒤에 목소리가 들려왔다.

'저 화장실에 갇혔어요'. 난 그냥 좀 황당했다. 물론 끔찍한 범죄보다야 낫지만, '살려주세요' 하고 소리를 지를게 아니라 화장실에 갇혔다고 말하면 되었을 것을. 난 한숨을 쉬고, 집주인에게 말해주겠다고 했다. 서울에서 여자로 혼자 사는 것은 참 힘든 일이다.

25. 제3 언어의 탄생

우리는, 영어가 사실상 세계공통어가 된 세상에 살고 있다. 많은 나라에서, 영어에 대해 충분한 지식을 가지고 있지 않으면 불이

익을 받거나 당황스러운 상황에 처해야 하는 경우도 많다. 한국도 전 세계를 휩쓸고 있는 이런 열풍에서 예외는 아니었다. 그러다보니, 영어가 커리어와 삶에 큰 의미를 갖는 이런 나라에서, 남들보다 앞서 나가려는 사람들을 겨냥한 산업이 생겨난 것도 이상한 일은 아니다.

당연한 일이지만, 영어를 잘 하기 위한 방법에 대해서는 많은 이론들이 나오기도 하고 많은 시도도 이루어져 왔다. 그러는 동안, 다른 많은 국가에서처럼, 한국에서도 제 3의 언어가 탄생했다. 우리는 그것을, 한국어와 영어가 독특하게 조합된 '콩글리시'라 부르게 되었다. 콩글리시가 영어학습자들에게 가하는 위해는 말로 다 할 수 없을 정도다. 또, 이미 그런 것들에 우리는 너무 익숙하기 때문에 사실 자세히 언급할 필요도 없는 것 같다. 하지만, 몇 가지만 들어보기로 하자.

몇 년 전 한 백화점이 조롱을 받게 된 사건이 있었다. 한 외국인이, 그 백화점이 내건 플래카드에 '여름암캐페스티발'이라고 써 있는 사진을 찍어 올린 것이었다. 사실 그 정도는 귀엽게 봐줄 수 있다. 그냥 오타에 불과했으니 말이다. 게다가 그 백화점은 나중에, 그 오류를 알고 있었고 해당 플래카드는 없앨 생각이었다고 설명했다. 많은 한국인들은 아이들이나 성인들이 수학이나 외국어 등을 배우는 사설교육기관을 '양성소(academy)'라는 단어를 이용해 표현하곤 한다. 난 내 학생들에게, 미국이나 다른 영어사용국가들에는 그런 기관이 없으니, 그냥 우리가 부르는 대로 '학원'이라고 하는 것이 낫다고 설명한다. 그렇게 하면 한국에 최소한 1년 정도 있었던 외국인은 모두 알아들을 것이다.

영어가 모국어가 아닌 다른 나라에서처럼, 한국에서 영어는 한국어와 '섞여' 버렸다. 이런 추세가 생겨난 가장 큰 이유는 첫째, 영어의 법칙을 배움으로써 영어를 배울 수 있다고 생각하는 것. 둘째는 영어 단어를 한국어 단어와 1:1로 묶고, 그것을 암기하면 의미를 전달할 수 있을 것이라고 믿는 것이다. 한국인들은 문법을 먼저 배우고, 영어 단어들을 골라, 그 단어들에 대한 한국어 대응어를 찾아 둘씩 묶어놓고, 문법 규칙에 맞게 문장을 '만들어'낸다. 그 결과로 생긴 문장은, 문법적으로는 문제가 없지만 의도한 바를 전달하지 못하거나 아예 말이 안 되는 문장이다. 언어를 배운다는 것은 언어를 경험한다는 것이다. 이것은 책상에 앉아 공부하는 것이 아니다.

외국어를 배운다는 것은 참으로 어려운 일이다. 나는 26개월 군생활을 마치던 25세 되던 해부터 영어를 배우기 시작했다. 그리고 아직도 영어를 익히고 있다. 나는 내 학생들이, 영어를 배우는 일이 시간이 많이 걸리는 어려운 일이라는 점을 알았으면 한다. 하지만, 동시에 그, 평생에 걸쳐 해야 하는 학습이 그냥 지루하고, 시간만 오래 걸리는 따분한 일이 아니었으면 좋겠다. 영어를 배운다는 것은 재미도 있고 보람도 있는 일이 될 수 있다.

26. 빈익빈 부익부

1980년대 이전만 해도 미국 기업의 최고경영자(CEO) 평균 연봉은 일반 노동자 임금 소득의 20~30배였다. 현재 여타 주요 선진국의 CEO들 대부분이 이 수준을 유지하고 있다. 영국은 22배, 캐나다는 20배 그리고 좀 더 보수적인 일본의 CEO들이 11배에 이른다.

미국 기업의 경영진 급여 체계가 이상한 방향으로 흘러가기 시작한 것은 1980년대 후반으로 접어들면서다. 요즘엔 이들 CEO의 급여가 자그마치 미국 노동자 평균의 400배까지 뛰어올랐다. 특히 미국 경제의 견인차인 금융분야에서 이런 경향이 더 심하다고 한다. 경영 성과에 따른 인센티브 제도가 과도하게 진화해 버린 데 그 원인이 있다.

금융계 CEO들은 자연히 이익 극대화를 위해 극도의 리스크 테이킹(모험 감수)을 저지르기 일쑤다. 해당 회계연도의 이익이 크면 클수록 급여에서의 보상 배율이 커지기 때문이다. 투자은행들이 자기네 영업에서 도박성 짙은 파생금융상품 투자에 더 많은 자원을 쏟아 붓거나, 판돈 키우기에 올인하는 이유가 바로 여기에 있다. 아니나 다를까, 그들의 도박은 지난해 글로벌 금융위기를 초래했고 마침내 그들에 비해 소득이 400분의 1에 지나지 않는 일반 노동자들이 자기 주머니를 털어 금융산업을 구제해야 하는 어처구니없는 사태가 벌어진 것이다.

버락 오바마 미국 대통령이 이런 사태에 대해 "경영진 보수는 책임감보다 무모함에 보상하는 격"이라고 개탄한 것은 물론, 일반 미국인들이 월스트리트 CEO들을 향해 '살 파먹는 박테리아'라는 비난을 쏟아내도 아무런 할 말이 없어진 셈이다.

2011년 월가를 중심으로 벌어진 시위에서 사용되어 널리 알려진 '우리는 99%'라는 슬로건이 있다. 이런 분노는 많은 한국인들도 느끼고 있는 것이다. 우리가 30년 전보다는 분명히 형편이 나아졌다고는 하나 부의 격차 역시 커졌다.

한국은 여전히 공산주의의 망령에 시달리고 있다. 누군가 '부의 재분배' 얘기를 꺼내기만 하면 그 사람은 많은 사람들에게, 갑자기 북한의 공산주의를 열렬히 지지하는 '종북'세력이 된다. 참으로 슬픈 현실이다. 흥미로운 점은, 소위 부의 재분배를 신랄하게 비판하는 사람들의 대다수는 가난하고 나이든 분들이고, 연금을 좀 올려주겠다고 하면 기꺼이 투표를 하는 분들이라는 점이다. 나는 부의 재분배를 대 찬성하는 것은 아니다. 하지만 슬픈 생각이 드는 건 어쩔 수 없는 것 같다.

27. 사형제도의 역사

미국에서는 매우 심각한 범죄에 대해 유죄 판결을 받은 사람들은 이따금씩 사형언도를 받는다. 이런 범죄 가운데는 1급살인과, 반역죄에 해당하는 모반 등이 있다. 사형제도는 유럽에서 미국에 들어온 초기 정착민들이 도입했다. 개척시대 미국에서는 살인과 강간 혐의에 대해 유죄판결을 받은 사람들이 교수형이나 총살로 사형당하는 일이 많았다. 절도범이나 도둑, 심지어 위조를 하다가 잡힌 사람들도 사형언도를 받곤 했다. 이렇게 함으로서 다른 범죄자들이 범죄를 저지르지 않도록 할 수 있다고 생각했기 때문이다.

사람들은 점차, 범죄자들이 애초부터 사악한 사람들은 아니라고 생각하기 시작했다. 그보다는 빈곤, 교육, 기회의 문제라고 생각한 것이다. 사람들은, 사회가 범죄자를 죽이기보다는 도와주어야 한다고 생각했다. 사형제도에 대한 생각이 바뀌게 된 또다른 이유는 경제적인 측면이다. 감옥을 운영하는 데는 돈이 많이 든다. 초기 미국의 주들은 많은 사람들을 감옥에 잡아두는 데 드는 비용을 감당할 수가 없었다. 그래서, 감옥에 가두기보다 사형을 시키는 쪽을 택하기도 했다. 하지만 산업혁명기에 사회가 점차 풍요로워짐에 따라, 감옥을 운영할 만한 재정적 여유가 생기게 되었다. 이러한 여러 이유로, 사형을 집행하는 것보다는 감옥에 사람을 가두는 쪽으로 기울게 되었다.

1800년대 중반이 되면서 많은 주들은 살인범의 경우를 제외하고는 사형을 금지시켰다. 그러나 이런 주들은 주로 북쪽에 있는 주들이었다. 남부 지역에 있는 주들은 다양한 범죄에 대해 사형언도를 내리고 있었다. 이런 추세는 지금도 미국에서 계속되고 있다. 심지어 오늘날도 대부분의 사형집행은 남부지역에 있는 주에서 이루어진다. 사람들은 보통 남부에 있는 주들이 북쪽보다 더 보수적이라고 생각한다. 남부의 주들은 약물 주입을 통한 사형방법을 주로 택한다. 이것이 가장 '인간적인' 방법이라고 생각하는 것이다.

미국에서는 지난 몇 년간 사형제도를 둘러싼 논쟁이 전국에 걸쳐 일어나게 되었다. 최근에 제기되고 있는 반론은, 유죄판결을 받고 사형언도를 받은 사람들 중에는 사실 죄가 없는 사람들도 있다는 것이다. DNA 테스트와 같이 증거를 확인하는 데 쓰이는 새로운 방법이 도입됨에 따라 많은 사형수들이 구제되었다. 많은 경우, 범죄자들의 유죄를 100% 입증하는 것은 어렵기 때문에 사람들에게 사형언도를 내리는 것은 옳지 않다는 것이다. 결국 무죄일 가능성도 있기 때문이다. 실제로, 일리노이주 주지사는 최근 일리노이 주에서 모든 사형집행을 중단시켰다. 일리노이 주에서는 일부 사형수들이 혐의를 벗게 된 사례들이 있었다. 그런 일이 있고 난 뒤, 주지사는 사형집행을 받는 사람들 중에는 부당하게 유죄판결을 받은 사람도 있을지 모른다는 생각을 하게 된 것이다.

사형제도를 반대하는 또 다른 이유는, 사형을 집행하는 데 드는 비용이 많다는 것이다. 사형언도를 받는 사람은 여러 차례 항소할 권리를 갖는다. 주 입장에서는 매번 상급법원에서 사형언도에 대한 입장을 변호해야 한다. 한 연구에 따르면, 제소자가 사형언도에 대해 사용할 수 있는 모든 항소권을 사용할 경우 법적 비용은 백만 불을 넘는다고 한다. 전국에 걸친 이런 열띤 논쟁에도 불구하고, 과반수의 미국인들은 아직 사형제도에 찬성하고 있다.

최근 한 연구에 따르면, 미국인의 65%는 1급살인과 같은 일부 범죄에 대해서는 사형이 적절하다고 생각한다고 한다. 대량학살의 경우 사형구형을 찬성하는 비율은 이보다도 높다. 미국인들 중 80%는 오클라호마시 폭탄테러로 수백 명의 목숨을 앗아간 티모시 맥베이씨에게 내려진 사형언도에 찬성했다고 한다.

세상에
혼자 사는
단어는
없다

출판물명 : 세상에 혼자 사는 단어는 없다.
판차와 발행일 : 1판 2쇄 발행 2018년 10월 20일
저자명 : 한형민
발행자 : 한형민
발행처 : 한형민어학원 출판사
발행처 : 서울시 종로구 종로1가 24 르메이에르 종로타운 510호
출판등록 년월일과 등록번호(신고필증번호) : 출판등록 2017년 8월 31일(제300-2017-117호)
출판 참여자 : 장규희 (디자이너)
출판사 홈페이지 : www.hannites.com
출판사 전화번호/팩스 : Tel. 02-2075-5858 / Fax. 20-2075-5859
출판사 이메일 : paulfan@naver.com

01. 나를 짜증나게 하는 것

나는 지하철로 출퇴근한다. 그러다 보니, 기본적인 매너도 없는 사람들을 보곤 한다. 어떤 중년 아주머니는 양말을 벗고 있다가 누군가 용기를 내어 한 마디 하면 뭐가 잘못이냐는 듯 행동한다. 또 요즘에는 쩍벌남도 있다. 보통은 30대 이상 남성들로, 일곱 명이 앉는 자리 중간에 다리를 벌리고 앉아 옆에 있는 사람들 자리까지 침범한다. 재수없게 옆에 앉은 두 사람은 용기를 내어 뭐라고 한마디 하거나 그냥 불편해도 참아야 한다. 가끔 그런 사람들은 발로 가랑이를 차버렸으면 하고 생각한다. 하지만 결국에는 그냥 고개를 돌리고 만다. 사실 그 사람들이 뭐라고 한 마디 해서 미안하다고 할 사람들이면 애초에 그런 매너 없는 행동을 하지는 않았을 것 아닌가. 그래서 종종 나는 누군가 먼저 나서고, 나도 좀 거들 수 있게 되면 좋겠다는 생각은 든다. 언젠가는 내가 그 누군가가 되어야 할 지도 모르겠다.

02. 블루투스

아주 오래 전에 나온 것 같지만, 블루투스라는 멋진 무선통신 기술은 나온 지 10년이 채 되지 않았다. 처음에 관련 기사를 읽었을 때 나는 블루투스 이어폰을 손에 넣을 수 있다는 생각에 매료되었던 적이 있다. 요즘 블루투스는 아주 널리 퍼져있다. 나도 매일 출퇴근 길에 핸드폰을 내내 보기 때문에 이 기술의 가장 큰 수혜자 중 한 사람이다. 영화를 보거나 음악을 들으려고 할 때, 이어폰을 찾으려고 가방 구석 구석을 뒤지지 않아도 된다는 건 분명 정말 좋은 일이다.

그렇긴 하지만 첨단 기술은 모두 하나같이 예기치 못한 결과를 낳는다. 지금 할 얘기가 창피해할 일은 분명히 아니지만 매우 당황스러웠던 일임에는 틀림없다.

얼마 전에, 퇴근 길에 지하철에서 막 내렸을 때였다. 계단을 올라가는데, 20대 초반쯤으로 보이는 여자분이 내쪽을 쳐다보고 있는 것이었다. 바로, 내 학생이었던 사람이라는 확신이 들었다. 그래서, 내가 얼굴을 알아보지 못하면, 그 분에게는 실망스러운 일이 될 것이라는 점도 직감했다. 그런데 얼굴이 기억이 나지 않는 것이다. 바로 그 때, 여자 분이 나에게 말을 걸었다. '어, 너 내일 뭐 한다고 했더라?' 조금 이상하긴 했다. 오랜만에 만나는 사람이라면 안녕하세요 하고 인사를 먼저 해야 하는 것 아닌가. 혼란스러웠지만 내가 말했다. '아, 안녕하세요. 죄송한데…' 여자분은 뒤도 안돌아보고 내 옆을 휙 지나갔다. 알고 보니 전화통화를 하고 있는 것이었다. 핸드폰을 손에 들고 있지 않았을 뿐. 블루투스 이어폰을 귀에 꽂고 있던 것이었다. 정말 당황스러웠다. 그 자리에서 그냥 사라지고 싶을 정도였다. 내 주변 사람들 중에 누군가는 내가 혼자서 뭐라고 하는 모습을 보았을 것이다. 어찌나 당황스럽던지.

03. 손잡기

애착과 유대관계를 표시하기 위해 손을 잡는 동물은 인간이 유일하다. 아이 둘을 둔 아빠인 나도 항상 아이들 손을 잡는다. 딸아이 손을 잡고 교회에 가고, 열 세 살짜리 아들 손을 잡기도 한다. 애들은 별 상관없어 한다. 물론 그럴 것이다. 싫어할 이유가 뭐가 있나.

거리나 밖에 나가보면 여자분들이 손을 잡고 다니는걸 항상 본다. 친구이거나 엄마와 딸 사이일 것이다. 그런데 성인 여성 두 명이 손을 잡고 있는 걸 보면 아직도 잘 이해하기 힘들다. 잘은 모르지만 아마 나는 성인이 되어가면서 그런 형태의 애정표현은 안하게 되는 것이 아닌가 하고 생각하고 있는지도 모르겠다.

한 가지 금기 사항이 있다. 성인 남성 두 명이 절대 손을 잡으면 안된다. 논란의 여지가 없다.

그러면 좀 이상하다. 성인 남성 둘이 손을 잡고 있다는 건 두 사람이 게이라는걸 보여준다고 생각하기 때문이라고 생각할 수도 있을 것이다. 하지만, 그렇다면 그렇게 다정하고 손을 잡고 다니는 대한민국의 모든 여성들은 어떤가. 이들은 레즈비언이 아닌가. 아니다. 최소한 대부분은 아닐 것이다. 나는, 동성애에 대한 도덕적, 법적, 종교적 이슈에 관해 말하고자 하는 것이 아니다. 그냥 남녀의 같은 행동에 대한 사람들의 태도가 왜 다를까 하고 생각하는 것 뿐이다. 아, 그렇다고 남자도 공공장소에서 거리낌 없이 손을 잡아도 되어야 한다고 말하려는 것이 아니니 오해 마시길. 아니, 손을 왜 잡아야 하는가. 그냥 뭐 그렇다는 말이다.

04. 남자와 여자의 차이

남자와 여자는 생물학적으로 다를 뿐 아니라, 많은 사회적 상황에서도 다르다. 그 유명한 "화성에서 온 남자, 금성에서 온 여자"와 같은 책들을 인용하지 않아도 남녀의 성차는 너무도 명백하다. 그냥 그런 차이를 우리는 이해하고 있다. 남녀는 완전히 종이 다른 생명체와 같다. 나는 그간 몇 백 년이나 계속되어온 "구성주의와 교수주의" 간의 논쟁에 관해 잘 모른다. 게다가, 이렇게 개인적으로 관찰해온 많은 예들이 그냥 지나치게 단순화된 고정관념일지도 모른다. 하지만 이런 것들에 대해 생각해보고 얘기해 보는 것은 재미있는 일 아닌가.

수업 중에 우연히 학생들에게 물었다. '여학생 여러분! 컴퓨터가 고장 나면 어떻게 하죠?' 난 아마 '고치죠'라고 대답할거라고 생각했다. 그런데, 학생들 중 한 명이, '컴퓨터 끄고 다른거 하죠'라고 말하는 것이다. 너무 당황했다. 지금 생각해 보면, 무척 재미있는 일이었던 것 같다. 뭐가 고장 나면 고친다. 최소한 나는 그렇게 한다. 전구가 고장 났는데 그냥 휙 돌아서버리는 남자는 못 본 것 같다. 놀랍게도 교실에 있는 많은 여학생들이 그 반응을 듣고 고개를 끄덕이고 있었다.

내 딸아이는 인형을 좋아한다. 아들 녀석은, 더 어렸을 때 트럭 장난감을 가지고 놀던 게 기억난다. 그런데 지금은 낮에는 거의 집에 없다. 항상 밖에서 공을 차거나 친구들과 뛰어 놀고 있다. 고정관념이 되었든 타고난 성격차이가 되었던 이런 차이들을 보고 있으면 참 재미있다.

05. 치과에서

치통이 참을 수 없을 정도였다. 충치 치료를 받으러가야 했다. 사흘간 고생하다가 근처 치과에 갔다. 다들 알 것이다. 옆집 아이한테 세상에서 제일 무서운 장소 두 곳을 들어보라고 하면, 귀신 나오는 집하고 치과라고 말할 것이다. 물론, 먼지 하나 없는 지나치게 깨끗한 환경이 치과가 무서운 가장 큰 이유다. 흰색 가운도 마찬가지다. 나는 치과 의자에 누웠고, 의사선생님이 와서 몇 가지 물어보셨는데, 뭐라고 대답했는지도 잘 기억이 안 난다. 그 정도로 위축되어 있었던 것이다. 선생님이 잇몸 마취를 위해 주사를 몇 번 놓고 몇 분 정도 다른 환자를 보러 가셨다 돌아와서 충치 치료를 시작했다. 아팠다. 너무 아팠다. 소리를 지르니까 선생님이 좀 놀라시더니 '한 방 더 놓을게요' 하시고는 주사를 놓고 몇 분이 지났다. 선생님이 다시 돌아왔다. 그런데 아직도 아팠다. 세 번째 마취주사를 맞았는데도 아직 드릴이 닿을 때 통증이 느껴졌다. 20분에 걸친 치료를 받으면서 계속되는 고통을 참을 수 밖에 없었다. 치료를 마치고 아직도 경직된 채 밖으로 나왔다. 3시간 정도가 지나고 수업이 있었다. 교실에 들어가서 평소처럼 강의를 시작했다. 그런데 내 입에서 나오는 소리는 말이 아니었다. '우워우우어워.' 총체적 난국이었다. 학생들은 처음에는 놀란 표정이더니, 교실 뒤편에 있는 학생들이 하나 둘 낄낄 웃기 시작했다. 그렇다. 침을 흘리고 있던 것이다. 내가 알아차리지… 아니 느끼지 못했을 뿐. 세 차례에 걸쳐 맞았던 마취주사가 이제야 제대로 효과가 나타나고 있었던 것이다. 수업시간 내내 계속 티슈를 써야 했다. 그리고 학생들은 내가 당황해 하는 모습을 보고 무척이나 재미있어 하는 것 같았다.

06. 지하철에서

한국사람들은 우리나라가 동방예의지국이라는 자부심을 느껴왔다. 물론 한국에서는 '예의 바르다'는 것에 좀 특이한 측면이 있다. 가령, 한국에서는 나이가 '예절문화'에서 매우 중요한 부분을 차지한다. 예의가 아니더라도, 서구 문화권에서 '소수자 배려문화 (political correctness)'가 특히 1990년대에 중요시되었던 것처럼, 한국에서도 사회적 약자를 대하거나 그들에 대한 호칭 선정에 있어서 좀더 신경을 쓰게 되었다.

특히나 이러한 변화를 잘 보여주는 곳을 꼽자면 지하철을 들 수 있다. 서울 지하철 각 객차는 보통 7인용 긴 의자가 6개, 3인용 짧은 의자가 4개 있다. 이 짧은 의자는 그 위에 붙어있는 공지문에 써있는 것처럼 '노약자, 장애인 임산부 보호석'이다. 좀 이상하게 들리긴 한다. 어쨌건, 영국에서도 비슷한 공지문을 본 적이 있다. '양보해주세요. 장애인, 임산부나 서있기 힘든 분들을 위해'. 또 영국에는 임신부들을 위해 '아기가 타고 있어요' 배지를 만들어 쓰고 있다는 글을 읽은 기억이 난다. 결국 조금 다른 표현들이지만 사실상 같은 얘기다.

하지만 여기에 좀 다른 요인이 작용한다. 앞서 말한 것처럼, 한국에서 나이는 매우 중요하다. 나이와 관련된 호칭이 매우 많다. 지하철을 타고 다니다 보면 그 노약자 보호석을 두고 사람들이 싸우는 광경을 자주 목격한다. 60대 정도로 보이는 아저씨가 좀 어려 보이는 남자에게, 그 자리에 앉았다며 욕설을 해대는 장면은 흔히 볼 수 있는 광경이다. 심지어 흉한 몸싸움으로까지 번지기도 한다. 임신 초기 여성이라면, 임신한 것처럼 보이지 않을 수 있다. 그런데, 그 자리에 앉기라도 하면, 근처에 있는 "자리 지킴이" 할머니 할아버지들이 눈총을 주기도 한다. 이런 말도 안 되는 상황은 사라져야 한다. 있어봐야 효과가 없는 그런 문구는 없애야 한다고 본다. 연세가 있으신 분들은 동의하지 않을지 모르지만, 지하철에서 좀은 서서 갈 수 있는 튼튼한 젊은이들 대부분은 어차피 그런 공지문이 없어도 좀 불편한 분들을 위해 자리를 양보할 의지도 능력도 있다고 생각한다.

07. 대선 후보로부터의 전화

작년 대선운동 무렵이었다. 평소처럼 사무실에서 일을 하고 있는데 전화가 울렸다. 이상한 일이었다. 사무실 전화는 사실상 존재하지 않는 것이나 다름없었기 때문이다. 이 전화의 전화번호는 아무한테도 알려주지 않았다. 이따금씩 핸드폰이 없을 때 쓰곤 하는 정도였다.

수화기를 들고 '여보세요'라고 했더니 수화기 건너편에서 들려온 목소리는 이랬다. '안녕하세요. 대선후보 문재인입니다. 믿을 수가 없었다. 그 대선후보 문재인이 나에게 직접 전화를 하다니. 그래서 대답했다. "네, 문재인씨. 안녕하세요." 그랬더니 문후보고 말했다. '아시겠지만 제가 이번에 대선 출마를 했습니다. 저를 지지해주시면 정말 감사하겠습니다.' 아직도 얼떨떨한 상태에서 대답했다. '물론이죠. 문후보님 팬이에요. 좀 놀랍긴 하네요. 직접 전…' 갑자기 문후보님이 내 말을 끊었다. '제 의제들과 공약을 듣고 싶으시면 1번을 눌러주세요. 직접 안내 요원과 통화….' 나는 바로 전화를 끊었다.

그렇다. 녹음된 전화였던 것이다. 왜 몰랐을까. 다만 이번이 처음이어서 몰랐던 것 뿐이다. 어쨌건 그건 중요하지 않았다. 내가 녹음된 전화목소리에 대답을 하고 있는 걸 누가 보지 않았나 확인을 해야 했다. 기계로부터 온 전화에게 말을 하고 있는걸 누가 보라도 있었으면 내가 얼마나 웃겨 보였을까. 다행히 아무도 눈치채지 못한 것 같았다.

그날 밤 집에 와서 아내에게 회사에서 있었던 일을 말해주었다. 아내가 너무 웃는 바람에 솔직히 기분이 조금 상했다. 다음 날 엔지니어로 일하고 있는 동생에게 전화가 왔다. '안녕하세요. 이 전화는 자동 녹음전화입니다. 동생과 통화하고 싶으시면 1번을 누르세요.' 그렇다. 아내가 주변 사람들에게 내 얘기를 모두 해버린 것이다. 믿을 수가 없었다. 내가 아는 모든 사람들에게 웃음거리가 되다니.

08. 미국 범죄자

이 글은 허구입니다. 이름, 등장인물, 장소와 사건사고는 저자의 상상의 산물이거나, 허구적으로 사용된 것입니다. 실제 사건이나, 현재 살아있거나 사망한 지역인물이나 기타 개인 등과 유사한 점이 있다면 이는 우연입니다.

한국에 2~3년 전 들어온 중국 태생 미국인 K씨는 최근 가중폭행과 차량절도 혐의로 서울에서 체포되었습니다. 20대 초반의 한국인 남성이 K씨가 한밤중에 자동차 절도를 시도하는 것을 목격했습니다. 싸움이 일어났고, K씨는 근처에 있던 부러진 야구 방망이를 들어 한국인 남성의 머리를 여러 차례 가격했습니다. 나중에 알고 보니, L씨는 남자를 공격할 당시 이미 절도 차량을 몰고 다니고 있었습니다. 곧 공식 기소될 예정이고 이후 재판을 받게 됩니다. 최대 5년 형을 받을 수 있습니다.

K씨는 당시 술에 취해있어서 그날 밤 일어난 일을 전혀 기억할 수 없다고 합니다. 하지만 경찰은 K씨가 거짓말을 하고 있다고 보고 있습니다. 차량 절도와 가중폭행은 심각한 중범죄입니다. 희생자가 죽기라도 했으면 어떻게 되었을까요. 그랬다면 K씨는 과실치사 혐의를 받게 됩니다. 과실치사는 종신형을 받을 수도 있는 심각한 범죄입니다.
또 다른 사건입디다만, 남자 두 명이 지난 일요일 발생한 살인사건과 관련해 체포된 상태입니다. 두 사람 모두, 흥분한 상태에서 남성 한 명을 살해했다고 자백했습니다. 용의자들은 죽은 남자가, 그러지 말라고 하는데도 계속해서 두 남자 중 한 명의 여자친구를 괴롭혔다고 합니다. 모든 혐의에 대해 유죄판결을 받게 되면, 두 사람은 종신형을 받을 수도 있습니다.

한국에 있는 미국인들이 연루된 이러한 사건들은 한국인들의 한국거주 미국인들에 대한 시각에 악영향을 끼칩니다. 실제 통계수치를 보면, 한국을 방문하는 미국인들의 대다수는 법규를 잘 준수하는, 개미 한 마리 죽일 줄 모르는 좋은 사람들입니다. 이따금씩 한국 주둔 미군들이 끔찍한 범죄를 저질렀다는 보도를 접하면, 한국 사람들은 미군들을 모두 싸잡아 안좋은 말들을 하곤 합니다. 이런 행동은 합리적인 행동이 아닙니다. 미국인들이 한국인들보다 더 범죄를 저지르거나 하진 않습니다.

09. 북한과 핵무기

이 나라는 엄밀히 말하자면 아직 전쟁 중인 세계에서 유일한 국가이다. 1953년 정전협정으로 한국전쟁은 실질적으로 끝났지만 아직도 우리는 북한이 유발하고 있는 지속적인 안보위협 속에 살고 있다.

한반도와 관련된 논의에서 절대 빠지지 않는 주제는 물론 핵무기다. 기아에 허덕이고 있는 북한은, 핵무기야말로 전 세계가 북한에 관심을 갖게 할 만 한 유일한 협상카드라고 믿고 있다. 새 지도자 김정은은 전대 독재자였던 김정일보다도 더 지독하다고 여겨지고 있다. 6자 회담도 지금까지 의미 있는 결과를 끌어내지 못하고 있다.

결과적으로, 북한이 핵무기에 매달리지 못하도록 할 만 한 방법이 우리에겐 거의 없는 실정이다. 이 북쪽의 공산국가는 시기에 따라 다른 이름으로 불려왔다. 몇 십 년 전에 2백만 명

이상의 주민이 대기근으로 숨졌을 때, 북한은 '국제적 부랑아'로 불렸다. 첫 핵실험을 했을 때는 '깡패국가'로 불리기도 했다. 어느 모로 보나 북한은 실패한 국가의 전형이다.

우리가 할 수 있는 일이 별로 없다고 해서 그냥 가만히 앉아 있어야 하는 것은 아니다. 북측의 심경이 바뀌길 기대하면서 계속 북한과 대화를 시도해야 한다. 결국, 가난에 허덕이는 북한도, 외부세계의 도움 없이는 10년도 버티지 못할 것이라는 점을 너무도 잘 알고 있다.

10. 지하철에서 화장하기

시대가 너무 빨리 변하고 있어서 변하는 시대에 적응하기가 어렵다는 생각을 하곤 한다. 20대 초반 젊은 사람들 사이에서 쓰이는 그 많은 이상한 약어들 때문에 이따금씩 당황하기도 한다. 이런 단어들을 들으면 당황할지언정 기분이 상하진 않는다. 하지만, 내가 보기에는 '인간의 교양', 말하자면 기본예절에 대한 모독에 해당하는 일을 하는 사람들을 보면 기분이 상하거나 화가 나기도 한다. 더 힘든 것은, 대부분의 사람들이 공유하고 있을 것이라 여겼던 가치관이 크게 변화하고 있다는 점이다. 오랫동안 못된 행동으로 여겨져 왔던 행동에 대해 점차 젊은 세대는 더욱 관대해지곤 한다. 이런 것들 중 하나가 지하철에서 화장하기인 것 같다.

나는 종종 지하철에서 화장하는 여성들을 본다. 그냥 립스틱을 바르는 정도를 말하는 것이 아니다. 이 사람들은 파운데이션, 아이라이너, 마스카라 등 이름도 모르는 온갖 종류의 화장도구들을 모두 꺼낸다. 그 사람들을 보면 기분이 언짢아진다. 어떤 여자분들은 남이야 화장을 하던 뭘 하던 너나 잘하세요 라는 식으로 말할지도 모른다. 이렇게 반박을 하는 분들을 만나면, 나는 스스로 타당한 이유를 찾아내려고 하는 것 같다. 화장 분진이 여기저기

날려서 사람들의 폐로 들어갈 수도 있다. 아니면, 어떤 사람들은 화장품에서 나는 냄새를 싫어하기도 한다. 하지만, 솔직히 생각하면, 나도 그런 것들이 타당한 이유는 아니라는 점을 알고 있다. 향수 많이 뿌렸다고 사람들에게 화를 내지는 않지 않는가.

결국 나나 다른 많은 사람들이 지하철에서 화장을 하는 모습을 보면서 짜증이 나는 이유는 '사적 행동의 공개적 노출'에 있다는 점을 깨닫게 되었다. 사적으로 해야 하는 행동들이 있다. 사람들이 지하철에서 양치질을 하거나 면도를 하지 않는 이유는, 그런 행동은 집이나, 최소한 다른 사람들도 똑같이 그런 행동을 하고 있는 곳에서 하는 것이라는 공동의 합의가 있기 때문이다.

'미(美)의 신비감'이라는 측면에 대해서도 얘기해볼 수 있다. 공공장소에서 화장을 하는 것이 그런 신비감을 파괴할 수도 있다는 것이다. 사실 이 부분은 나도 잘 모르겠다. 그것은 보는 사람들의 문제이지 화장을 하는 사람들의 문제는 아니기 때문이다. 그렇긴 해도, 공공장소에서 화장을 하면, 실제 얼굴은 누구로부터 숨기려고 하는 것인가? 화장을 하는 이유는 공적인 장소에서 더 잘 보이려고 하는 것이 아닌가. 아니면 화장은 자기 만족을 위한 것인가? 그렇다면 애초에 왜 공공장소에서 화장을 하는 것인가.

사실 이러쿵저러쿵 얘기해도 별 의미는 없는 것 같다. 어떤 사람들은 공공장소 애정표현도 아무렇지도 않게 생각한다. 지하철에서 그런 사람들을 보면 언짢긴 하지만, 결국은 변화하는 태도에 나도 순응해야 한다는 것을 알고 있다. 사람들은 변한다. 그래서 나는 스스로 '그래 그냥 그런가 보다 하고 지나가자'라고 다짐한다.

11. 좋은 경제, 나쁜 경제

2008년 대침체로 세계경제는 멈춰버렸다. 미국에서 오랜 기간 동안 곪아왔던 주택시장 거품이 터지고, 미국 경제가 무너지면서, 전세계를 충격에 몰아넣었다.

세계 최대 경제대국이 재채기를 하면, 전 세계가 감기가 걸린다. 주택 가격이 폭락하자, 차압건수가 급등하고, 이에 따라 중산층의 구매력이 크게 줄게 되었다. 달러화가 평가절하 되어, 원화가 상대적으로 강세를 보이게 되었다는 말이다. 이는 한국 경제에 일반적으로 말해 악재이다.

사실상 천연자원이 거의 없는 한국은 수출주도형 경제성장을 추구해왔다. 미국과 전세계가 우리 상품을 덜 사게 되면, 그 피해는 우리에게는 더 클 수밖에 없다. 달러화 가치가 하락하면, 다시 말해, 원화가 평가절상되면, 똑 같은 달러로 살 수 있는 원화가 적어진다. 수출기업들은 달러로 대금을 받기 때문에, 이렇게 되면, 같은 제품을 팔고 사실상 돈을 덜 받게 되는 셈이다. 기업들이 어려워지면, 직원 봉급이 줄고 일자리가 줄기 때문에 근로자들 역시 고통을 받게 된다. 쓸 돈이 줄어들면 사람들은 보통 소비를 줄인다. 그러면 기업들도 더 힘들어진다. 그렇게 악순환은 계속되는 것이다.

정부의 역할이 이 때 필요하다. 정부가 사용할 수 있는 무기는 두 가지다. 통화정책과 재정정책. 정부가 재정정책을 '완화'한다고 하면, 그것은 돈을 더 찍어내고/내거나 금리를 인하해서 경제에 더 많은 돈이 유입되도록 한다는 의미이다. 재정정책은 정부의 재정과 관련이 있다. 정부는 공공근로사업을 고안해내서 단기적으로 사람들을 고용하고, 그래서 돈을 쓸 여력을 갖게 할 수도 있고, 자금부족에 시달리는 기업이나 개인을 돕기 위해 감세를 할 수도 있다. 혈류속도가 떨어지거나 혈관이 막히면 몸에 이상이 생기는 것과 마찬가지로, 돈이 잘 돌지 않으면 경제가 병에 걸린다. 그런 신용경색을 해결하는 것은 정부의 일이다.

하지만 경제라는 것은, 몸과 마찬가지로, 그렇게 단순하지가 않다. 상황을 호전시키려는 정부의 그런 노력에도 불구하고, 한국 경제와, 또 그런 측면에서는 세계경제도, 개선의 여지가 보이지 않고 있다. 상황이 나아지지 않고 있는 이유의 일부는 여기서 찾을 수 있는 것이다.

12. 미국 의료보험

어느 날, 몸이 너무 아파서 병원에 가야겠다고 생각했다. 기본적인 검사를 마치고 의사 선생님이 심각한 표정을 짓더니 근처에 있는 병원에 진단서를 써줄 테니 가보라고 했다. 불안하고 두려운 마음으로 그 다음날 병원에 갔다. 선생님은 혈액검사와 CT검사를 포함해 여러 검사를 받도록 했다. 배가 아팠던 것은 진통제를 맞고 곧 나아졌다. 몇 시간 정도 지나고 나서 의사선생님이 큰 문제는 없다면서 처방전을 써주셨다. 그래서 혹시나 하는 마음에 진짜 집에 그냥 가서 쉬어도 되겠느냐고 물었더니 걱정 말라고, 괜찮다고 했다. 거의 병원을 도망 나오다시피 빠져 나온 뒤 약을 사러 약국으로 갔다.

안도의 한숨을 쉬면서 괜찮을거야, 하고 생각했다. 하지만 이걸로 끝이 아니었다. 의료비 청구서를 받아서 봤더니 합쳐서 수천 달러나 되었다. 사실 왜 그렇게 많은지 나도 알고 있었다. 보험 가입이 안되어 있던 것이다. 그렇다. 나는 건강보험에 가입이 안되어있는 3700만 미국인들 중 하나다. 한 번은 조만간 보험에 가입해야지 생각한 적이 있었지만 그 이후 2주 정도 슈퍼에 들러 장을 보러 다니면서 그 생각은 잠시 접어두었다.

요즘도 약을 계속 먹는다. 몇 주에 한 번씩 약을 타러 병원에 가야 하는데, 그 때마다 그렇지 않아도 돈 나갈 곳이 많은데 매 번 몇 백 불씩 늘어나고 있다. 그 밖에도 일반의약품 사는 데 드는 비용 때문에 부담은 더 가중된다.

이웃에 사는 70대 노부부는 메디케어 보장을 받고 있어 처방약품 비용을 절반만 내면 된다. 몇 년 전에는 민간의료보험에도 가입했다. 월 보험료가 100불에, 본인부담금 상한선은 연간 150불에 불과하다. 보통 병원에 갈 일이 있으면 본인부담금은 3불만 내면 된다고 한다.

최근, 모든 사람들에게 건강보험을 제공하자는 취지의 오바마 대통령의 건보개혁안이 의회를 통과했다. 하지만 아직 세부사항들은 정리가 되지 않은 상태다. 최종 마무리가 되기 전까지는 아프면 안된다. 또 죽을 만큼 아프지 않는 한, 병원 근처엔 얼씬도 하지 말아야겠다.

13. 혼자 두는게 나아

내 조그만 붕어가 더 이상 움직이지 않는다. 나는 이 조그만 10cm밖에 안되는 새끼붕어를 1년 전쯤 근처 저수지에서 잡았다. 알다시피, 난 낚시광이다. 처음 잡았을 때, 너무 작아서 웃음이 나올 정도였다. 하지만 곧, '잠깐만. 이 녀석, 우리 집에 있는 두자 짜리 수족관에 가져다 넣으면, 항상 먹기만 하고 있는 열 몇 마리 되는 작은 열대어들하고 잘 어울리겠네' 하고 생각했다. 사실 수족관에 있는 조그만 열대어들에 비하면, 붕어는 포악한 포식자와 같다. 지금은 손바닥 정도 크기지만, 이 조그맣고 귀여운 붕어가 우리 집 TV옆에 3년 동안 놓여있었던 지루한 수족관 세계를 좀 더 활기차게 만들 수 있을 것이었다.

그래서 잡은 자리에서 바로, 비닐봉지를 꺼내 물을 좀 담고, 그 안에 붕어를 넣어 집에 살려 가져오기로 했다. 집에 오자마자 봉지에서 꺼내 수족관에 넣었다. 불쌍한 이 녀석은 무척 당황한 것처럼 보였다. 눈을 봐도, 수족관에서 돌아다니는 모양을 봐도, 수족관 안에 있던 돌 뒤에 숨으려고 하는 걸 봐도, 당황한 기색이 역력했다. 이 녀석을 덩치 크고 자신감 넘치는 수족관의 보스로 키워보겠다고 마음을 먹었다. 수족관에서는 귀엽긴 하지만 통통한 작은 녀석들이 점점 몸집만 커지고 있으니 말이다. 덩치 큰 녀석이 들어가 있으면 살 좀 뺄 수 있을지도.

정말 처음 몇 달 간은 잘 적응하고 있었다. 그런데, 반년 정도가 지나고 나서, 녀석의 비늘이 이상해지기 시작했다. 내 예상과는 달리, 녀석이 잔챙이들에게 오히려 괴롭힘을 당하고 있는게 아닌가 하고 생각했다. 살펴보니, 수족관에 먹이를 넣어줄 때마다 다른 녀석들의 등살에 밀려나고 있는 것 같았다. 매 주 시간이 갈수록 여위어가는 것 같았다. 그냥 두면 안되겠다 싶어서 비싼 열대어 사료를 사가지고 왔다. 그래도 상황은 변하지 않았다. 녀석을 집에 데려온 지 1년이 좀 안되었을 무렵에는 거의 죽기 직전인 것처럼 보였다. 너무 미안한 생각이 들어, 어느 날 녀석을 따로 떼어놓아야겠다고 생각하고 조그만 새 어항을 사왔다. 밤 늦게 집에 오자 마자, 녀석을 꺼내 새로 산 어항에 넣어주었다. 한두 시간 정도 잠자리에 들 수 없었다. 아직 괜찮은지 확인해야 했기 때문이었다. 그러다가 새벽 1시 쯤이 되어서 잘 있나 보러 가봤더니, 녀석이 움직이지 않고 있었다. 더는 움직이는 않는 것이다. 죽은 것이다. 너무 마음이 아파 눈물이 났다. 나는 몇 번이나 속으로, 애초에 녀석을 데려오는게 아니었다고 되뇌었다. 이 조그만 녀석은 내가 집에 데려오지만 않았어도, 저수지에서 잘 살고 있었을 것이다. 다음 날 나는 녀석이 좋은 곳으로 가기를 바라며, 바깥 정원에 조그만 무덤을 만들어 주었다. 어떤 때는 사람이나 동물, 무엇이라도 내가 관여하지 말고 그냥 있는 그대로 두어야 하는 것이라 생각했다.

14. 비밀 폭로되다

모든 부모에게 있어서 크리스마스 전까지 몇 주간은 살얼음판을 걷는 것과 같다. 결국 본인이 산타라는 낌새를 전혀 눈치채지 못하게 하면서, 산타클로스에게 아이가 받고 싶은 선물이 무엇인지 알아내야 하는 것이다.

나의 경우, 다섯 살짜리 딸에게서 그걸 알아내는 건 식은죽 먹기였다. 그냥 물어보기만 하면, 아이는 크리스마스때 받고 싶은 선물 목록을 늘어놓는다. 어차피 전혀 눈치재지 못할 것이다. 하지만, 내 아내처럼 경험이 많은 엄마들에게도, 10살짜리 아들에게서 그것을 알아내는 일은 절대 쉽지 않다. 어떤 것이 갖고 싶은지 직접 물어보기라도 하면, 그 10년 묵은 비밀은 한 방에 발각이 나게 되는 것이다. 사실 10살이면 아직도 산타를 믿겠느냐고 생각하는 사람이 있을 지도 모르겠다. 그 정도 되면 사실 다 알 정도 나이니까 말이다. 필요한 정보는 어차피 학교에 다 있지 않은가. 옆에 앉은 짝꿍은 웃으면서 아이에게 말할 것이다. '바보야. 그거 다 만들어낸 거야!' 결국 교실 뒷자리에 앉아 있던 그 친구가 아기가 어떻게 생기고 어디에서 나오는지도 모두 다 알려주지 않았던가.

나 역시 아들이 설마 아직도 산타가 진짜라고 믿는건가 의심이 들기도 했다. 하지만, 여러 차례에 걸쳐 유도심문을 한 결과, 이 아이가 아직도 그 북극 출신 수염아저씨를 믿고 있다고 아내나 나 모두 철석같이 믿게 되었다. 아들은 심지어 이렇게 묻기도 했다. '아빠, 산타할아버지는 우리가 크리스마스 선물로 뭘 받고 싶어하는지 어떻게 알아?' 난 아마 이렇게 대답했던 것 같다. '글쎄, 아빠도 잘 모르지만, 그냥 어떻게 알게 되나봐'. 그래서, 발각되지 않을 것이라고 확신하고는, 아내와 나는 아이가 그렇게 좋아하는 '롯데 자이언츠' 로고가 새겨진 후드자켓을 온라인 쇼핑몰을 뒤져 찾아냈다. 그렇다. 아이가 원한 것이 바로 그것이었다. 며칠 전에 아이의 일기장을 살짝 들춰볼 수 있었던 것이다.

크리스마스 이브 저녁이었다. 저녁 9시쯤, 전형적인 기대에 가득 찬 아이의 얼굴을 하고는 아들이 이제 자러 가야겠다고 말했다. 평소 같으면 아무리 일러도 저녁 10시는 되어야 잠자리에 드는 녀석이 말이다. 30분쯤 뒤에 우리는 포장한 선물을 조심스럽게 아이 침대 옆에, 산타가 직접 쓴 편지까지 넣어서 내려 놓았다.

다음 날 아침, 나는 아이들의 좋아서 웃는 얼굴을 보려고 일찍 일어났다. 다섯 살 짜리 딸은 일어나서 선물을 보고는 좋아 울음을 터뜨릴 지경이었다. 아들은 오른 손에 선물을 들고 방에서 나왔다. 그리고 아이가 입가에 미소를 슬쩍 짓는 것이다. 우리를 보더니 아들은 '고맙습니다 아빠, 엄마'. 심장이 철렁 내려앉았다. 하지만 그래도 혹시나 하는 마음에 말했다. '왜 우리한테 고마워? 그건 산타클로스가 주신 거야. 하하'. 아들이 웃으면서 말했다. '아빠, 나 이제 11살 되요. 내가 바보인줄 아세요? 산타클로스는 원래 세인트 니콜라스인데 전설에나 나오는 인물이에요. 현대판 버전은 신터클로스라는 네덜란드 사람에게서 유래 됐구요." "신터...뭐?" 내가 말을 더듬으며 말했다. 그리고 나서 아들은 한동안 산타클로스의 기원에 대해 장황하게 설명을 해주었다.

아내와 나는 아무 말도 하지 않고 서로를 쳐다 보았다. 곧, '풀이 죽은' 채 우리는 아침을 먹었다. 그렇게 그 날이 지나갰다. 우리는 아들에게 어떻게, 아니 언제 그걸 다 알게 됐느냐고 물으려고도 하지 않았다. 그냥 알고 싶지 않았다. 그 날 우리 집엔 어른 한 명이 더 생겼다.

15. 스미싱

피싱 사기는 최소한 한국에서는 사라졌다. 인터넷에서 피싱이 사라진 것은, 사람들이 이제 잘 속지 않게 되었다는 요인이 가장 크다. 한국 가정 중 90%가 광대역 인터넷을 사용하고 있다. 인터넷은 이제 삶의 일부가 된 것이다. 약 10년 전에 비해 사람들은 인터넷을 훨씬 더 잘 알게 되었다. 그러나, 사기꾼들도 그와 함께 진화해왔다. 요즘 사기꾼들은 하이퍼링크를 포함한 문자를 보낸다. 그 링크를 클릭하면, 순식간에 사기를 당하는 것이다. 월말에 요금 고지서가 나올 때까지는 사기를 당했다는 사실조차 모르게 된다. 사기로 빠져나간 돈은 요금 고지서에 추가요금으로 붙는데, 사용했다는 서비스는 난생 처음 들어보는 이름인 경우가 많다. 한 추산치에 따르면, 이런 식으로 당한 피해액이 작년 5십만 달러에서 올해 5백만 달러로 크게 늘었다고 한다. 이 정도면 매우 큰 금액이다. 더구나, 사기당한 돈이 회수된 사례는 거의 없다.

사기꾼들은 워낙 교묘하게 피해 다녀서, 사기꾼이 잡혔다는 얘기는 거의 들을 수가 없다. 사실, 경찰은 핸드폰 사용자들에게 사기피해를 입지 않기 위한 지침을 주고 있다. 1. 핸드폰으로 발송되는 문자에 있는 링크를 클릭하지 마시오. 2. 핸드폰에 해킹방지 어플을 설치하시오. 3. 개인 정보를 전화나 기타 방법으로 넘겨주지 마시오.

우선, 경찰은 사람들에게 조심하라고 경고부터 할 것이 아니라 범죄자를 먼저 잡는 일부터 해야 하는 것이 아닌가. 물론 경찰이 항상 쫓는 입장이라는 것은 알고 있다. 사기꾼들은 항상 한 발 앞서 있기 때문이다. 그렇다면 경찰은 정말 사기꾼들을 쫓고 있는가. 그렇지 않다. 경찰은 저 썩o… 아니 나쁜 사람들을 잡아들이려고 노력하고 있지 않다. 그냥 우리에게 경고만 하고 있는 것이다. 뭔가 잘못 되도 크게 잘못되고 있다.

사실 따지고 보면, 경찰만 탓할 수는 없다. 그도 그럴 것이, 경찰이 할 수 있는 일이 별로 없다. 이동통신 사업자들은 문자를 대량으로 몇몇 알려진 대기업들에게 판매하고, 또 그 기업들은 문자를 수많은 작고 큰 구매자들에게 묶어서 팔고 있다. 바로 이 최종 구매자들 중에 사기꾼들이 숨어있는 것이다. 바로 이들이 무작위로 문자를 대량 발송하고 있다. 이들은 핸드폰에 가짜 발신번호를 남겨두기 때문에, 문자를 보낸 사람을 찾아낼 방법이 없다.

발신자표시제한 자체를 금지하면 된다. 사실 바로 그렇게 하도록 하려는 훌륭한 법안이 의회에 계류중이다. 그런데 그 법안은 벌써 1년 가까이 계류중이다. 그러니, 스미싱의 잠재 피해자들인 우리는, 현재로서는, 피해를 입지 않기를 바라면서, 의심스러워 보이는 문자는 모두 지우는 수 밖에 없다.

16. 바보 같은 실수

난 차를 정말 좋아한다. 특히 멋진 녀석들 말이다. 지금은 7년 된 현대차를 타지만, 전세계 모든 남자들처럼 나도 드림카가 있다. 거리를 걷다가 멋진 차를 보기라도 하면 눈을 뗄 수가 없다. 하지만, 작고 배기량이 높은 2인승 스포츠카는 내 스타일이 아니다. 포르쉐가 멋지긴 하지만, 차라리 지프 그랜드 체로키나 랭글러를 타는 것이 낫다. 캐딜락 에스컬레이드가 그 다음 순위쯤 된다. 폭스바겐 투아렉도 좋다. 이런 차들은 딱히 천문학적으로 비싼 것은 아니지만, 고민하다가 결국은 현대나 혼다를 선택하게 된다.

내가 SUV를 좋아하는 것은 아마, 큰 트렁크 때문인 것 같다. 난 낚시광이다. 낚시 장비는 BMW 승용차 트렁크에는 절대 못 싣는다. 그럼 X5는 왜 안되느냐고 생각할 지 모른다. X5가 좋긴 하지만 한국에서 BMW는 가격이 제일 부풀려지는 차다. 미국에서는 세금 포함해서 6만 불이 좀 안 되는 X5가 한국에서는 9만 불을 넘으니 말이다. 우리를 호갱님으로 보고 있는 것이다. 뭐 투덜거릴 일은 못된다. 어차피 6만 불이라도 못 살 테니. 하지만, 드림카는 꿈에서나 몰 수 있는 차니까 드림카 아닌가.

사고 싶은 SUV 얘기는 그만 하자. 일생 일대의 실수 얘기로 넘어가 보자. 때는 인피니티 M37이 막 출시되었을 무렵이었다. 아마 2011년도였던 것으로 기억한다. 길을 걷다가 신호등에 멈춰 서 있는 최신 M37 모델을 보게 되었다. 너무 놀랐다. 너무 멋진 모습이었다. 반짝이는 진주색 M37에 시선을 고정한 채 천천히 걷고 있었다. 그걸 사려고 생각중이었던 것이다. 낚시야 좀 나중에 하지 뭐, 하고 마음을 먹고 있었다. 고개를 돌려 계속 차를 보면서 걷고 있었다. '쾅!' 눈을 떠 보니 길바닥에 내가 누워 있었다. 사람들은 걱정스런 모습으로 날 쳐다보고 있었다. 어떤 사람들은 날 보고 웃고 있었던 것 같다. 그렇다. 난 가로등이나 전봇대 같은 것에 부딪힌 것이다. 일어나서 자리를 뜨고 나서야 고통이 밀려오기 시작했다. 이마 오른쪽 전체가 부어 오르고 있었고 건드리기만 해도 아팠다. 아, 이런 바보 같은… 하고 생각했다.

17. 큰 소리가 무서워

내가 왜 이런지는 모르겠지만, 난 큰 소음에 무척 민감하다. 특히 큰 트럭이 내는 경적소리를 듣게 되면 거의 까무러칠 정도다. 도저히 참을 수가 없다. 어느 날 지하철을 기다리고 있었는데, 마침 열차가 승강장으로 들어오고 있었다. 그런데 갑자기 큰 경적을 울리는 것이었다. 천둥소리처럼 느껴졌다. 거의 정신을 잃고 땅바닥에 뻗어 버렸다. 공포? 충격? 뭐라고 부르던 그런 것 때문이었다. 사람들이 나를 빤히 쳐다보았다. 그 망할 소리에 놀란 것은 나 뿐인 것 같았다. 당황스런 마음은 곧 분노로 바뀌었다. 전동차가 왜 경적을 울리나. 도대체 이유가 뭔가. 뭐 사실 왜인지는 알고 있는 것 같다. 철로 근처에 누가 있을지 모르니 경고를 하는 것이다. 비슷한 일이 한두 번 길가에서도 있었다. 큰 트랙터 트레일러나 트럭 같은 것이 경적을 마구 울려대며 지나갈 때였다.

나는 퇴직하고 노년에 조그만 농장을 사서 개도 기르고 이따금씩 낚시도 다니면서 살고 싶다. 그러면 이렇게 '깜놀'하는 일은 없을 것이다.

18. 오믈렛

밖에 비가 엄청나게 내리고 있다. 난 문 앞에 웅크리고 앉아 문 손잡이만 바라보며 내 주인 잭을 기다리고 있다. 문이 끼익 하고 열린다. 잭이다! 슬리퍼를 물어다가 앞에 놓는다. 완전히 녹초가 된 모습이다. 금방이라도 죽을 것만 같다. 나를 쳐다보지도 않고 터덜터덜 냉장고 쪽으로 걸어간다. 계란 두 개를 집어 주방으로 힘없이 발걸음을 옮겨 계란을 깬다. 달걀을 휘젓지도 않는다. 내가 달려가서 젓는다. 그런데 잭이 다가와서 사발을 가져다가 프라이팬에 붓고 그걸 가스레인지에 올린다. 이런, 불이 너무 세다. 그러다가는 오믈렛을 망쳐버릴 게 분명하다. 내가 가스레인지로 달려가서 불을 줄인다. 잭은 야채를 가져다가 도마 위에 올려놓고 크고 날카로운 칼을 집어 든다. 금방이라도 잠들 것 같은 얼굴이다. 저러다가 손가락이라도 잘릴 것 같다. 안돼! 내가 짖었다. 난 땀을 흘리면서 뒷발로 쓰레기통을 툭 차서 넘어뜨린다. 잭이 한숨을 쉬더니 이쪽으로 온다. 그 사이 나는 주방 테이블로 달려가서 잽싸게 야채를 썰어 그릇에 넣은 다음 프라이팬으로 가져가 털어 넣는다. 잭을 쳐다보니까 아직 내가 어질어 놓은 것을 치우고 있다. 소금 조금하고 몇 가지 양념을 팬에 넣는다. 잭은 이제 막 마지막 쓰레기를 쓰레기통에 담고 있다. 시간이 없다. 아직 오플렛 계란을 안 뒤집었다. 휴, 다 했다. 난 가스레인지 불을 끄고 오믈렛을 마무리 하고 다시 내 밥그릇 쪽으로 돌아간다. 정말 다행이다. 눈치 채지 못한 것 같다. 잭이 방에 들어가 TV 앞 소파에 앉는다. 이제 막 오믈렛을 먹을 참이다. 난 소파 옆에 앉아 헥헥 거리면서 웃는 얼굴로 잭을 바라본다. 잭이 나를 들어 자기 오른쪽에 앉힌다. 오믈렛을 한 숟가락 떠서 입에 넣었다가 바로 뱉는다. 오믈렛 안에 개 비스킷이 있었다. 밖에 있는 비스킷 박스를 쳐다보더니 다시 내 쪽을 본다.

난 혀를 내밀어 입을 쓰윽 핥는다. 잭이 나를 안아 뽀뽀를 해준다. 나도 잭이 내미는 오믈렛을 한 입 먹는다. 우리는 정말 행복한 가족이다.

19. 음주

올해 70이 되신 아버지는 애주가셨다. 아버지가 30대, 40대였을 때 제일 자주 드나들곤 하셨던 곳은 '옹달샘'이라는 허름한 술집이었다. 뭐, 미국 사람들이 (술집을 가리켜) '식수원'이라고 부르는 데는 다 이유가 있었나 보다. 어머니는 나와 동생을 보내 밤 늦게 술 취한 아버지를 모셔 오라고 보내곤 했던 기억이 난다. 하지만 아버지는 주정뱅이는 아니셨다. 항상 열심히 일하고 사랑으로 우리를 대하는, 이것 저것 기술이 많은 분이셨다. 그렇긴 해도, 아버지가 술에 취해 알아들을 수 없는 말들을 하실 때는 정말 싫었다.

30년이 지난 지금, 아버지의 술 사랑은 기력과 함께 쇠퇴했다. 그런데 이젠 우리 집 아이들이 집에 또 다른 애주가를 모시고 산다. 그게 나다. 난 만취하거나 하진 않는다. 그만 마셔야 할 때를 안다. 도를 넘지 않는다는 말이다. 하지만 술은 종류를 불문하고 다 좋아한다. 한두 번 아내에게 '잊지 못할 추억'을 선사한 것을 제외하면, 술과 관련된 '사고'는 치지 않았다. 난 술버릇이 나쁘지 않다. 하지만 내 친구들이나 그 친구들의 친구들에게는 술과 관련된 사건사고가 많았고, 몇 개를 추려 소개해보겠다.

지금은 50대가 된 이 남자 분은 주차장에서 자다가 아침에 경비 아저씨가 발견했다. 신발은 주차선 바로 바깥에 가지런히 정리되어 있었다고 한다. 내 친구 한 명은 아침에 가방 안을 들여다 보니 마이크가 있었다고 한다. 아마 전날 밤에 갔었던 노래방에서 자기도 모르게 가져온 것 같다고 한다. 이런 재미있는 일들은 다음에 소개할 사건에 비하면 아무 것도 아니다. 때는 2000년대 초반이었다. 당시 20대 후반이었던 이 친구는 서울에서 광란의 밤을 보낸 뒤 아침에 깨어나 보니 부산의 해변에 누워있었다고 한다. 어떻게 400km나 떨어져 있는 부산까지 가게 되었는지는 지금도 모른다고 한다. 이 사람의 술친구들이 전하는 바에 따르면, 이들은 전날 밤 같이 서울의 술집에서 밤 11시쯤 나와 귀가했다고 한다.

최근 한 보도에 따르면, 한국은 러시아와 유럽의 한두 국가를 빼면 평균 음주량이 세계 최고 수준이라고 한다. 한국에서 음주운전 사고가 왜 그렇게 많이 나는지 알 것도 같다. 최소한 상황이 이보다 더 나빠지지 않기를 바랄 뿐이다.

20. 악플

다른 사람들처럼 나도 뉴스는 인터넷으로 본다. 인터넷이 없는 삶은 상상할 수도 없다. 마치, 기존 문명 크기의 또 다른 문명이 갑자기 생겨난 느낌이다. 인터넷이 특히 좋은 이유 중 하나는, 인터넷 상에서는 익명성이 보장된다는 점이다. 각계각층의 사람들이 인터넷이 없던 세상에는 존재할 수도 없었던 거대한 청중을 향해 하고 싶은 말을 할 수 있는 것이다. 하지만, 인터넷에서의 익명성은 축복인 동시에 독이 되기도 한다. 즉, 이 새로운 문명에는 '악플러'라는 끔찍한 종족이 서식하고 있었던 것이다.

이들이 남겨놓는 댓글을 보면 어이가 없다. '이 자식 이제라도 죽어서 다행이네' '이런 식으로 사느니 죽는 게 낫지'. 한달 쯤 전에 불치병인, 선천적 조로증에 걸린 17살 된 미국 소년이 결국 숨을 거두었다는 기사 밑에 달린 댓글들이다. 이 사람들은 이런 끔찍한 댓글들로 인터넷을 점차 야만인들의 땅으로 바꾸어놓고 있는 해충이다.

악플이란 경멸적이고 분란을 일으키거나 자극적인 말들을 온라인상에 남기는 행위를 말한다. 사실 인터넷이 생기고 나서부터 악플은 존재해 왔다. 이것이 우리의 공동체 전체에 주는 정신적 피해를 우리는 잘 알고 있다. 그래서 사람들은 왜 경찰이 이 문제를 나서서 해결하지 않고 있는지 궁금해 하고 있다. 이따금씩 연예인이, 온라인상에서 말도 안되는 루머를 만들어 퍼뜨리는 악플러를 고소했다는 등의 기사를 듣는 정도 밖에 없는 상황이다. 이 악플 행위를 그냥 놔두면 인터넷은 정보와 지식을 전파하는 그 주된 역할을 더 이상 할 수 없게 될 것이다. 좋은 의도로 작성된 '선플'은 모두 이런 악플에 묻혀버리고 말 것이다.

어떤 사람들은 인터넷 사용자들에게서 익명성을 빼앗으려고 하는 것은 의사표현의 자유와 사생활을 침해하는 것이라고 주장한다. 또한, 실명제를 실시한다고 해도 어차피 일부는 계속 악플을 남기게 될 것이라는 주장도 있을 수 있다. 그러나, 한 가지 분명한 점은, 어떤 말을 하던, 그 말에 책임은 져야 한다는 것이다.

몇 년 전, 유명한 여배우였던 최진실씨가, 어떤 인터넷 사용자가 말도 안 되는 루머를 만들어내고, 수많은 악플러들이 피에 굶주린 하이에나처럼 최진실씨를 괴롭힌 끝에, 결국 자살을 한 사건이 있었다. 최진실씨의 남동생은 2년 뒤 자살을 했고, 전 남편은 2013년 목숨을 끊었다.

한국은 전세계 인터넷 보급률이 가장 높은 나라라는 점을 매우 자랑스러워 한다. 부끄러운 줄 알아야 한다. 우리는 괴상함의 정도가 가장 높은 나라다.

21. 헌혈

혈액부족이 심각해 헌혈을 많이 하자는 캠페인이 자주 벌어진다. 그럼에도 피는 계속 부족해 매번 심각한 위기라는 보도가 자주 나오는데 혈액이 모자라면서 만드는 의약품마저도 함께 부족해 큰 위기라고 한다.

알부민이라는 약이 있다. 이것은 피 속의 단백질을 보충해 주는 약이어서 큰 수술이나 긴급 수술을 받을 때 반드시 필요하다. 만약 알부민을 제때 처방 받지 못하면 장기이식 환자나 교통사고 환자, 화상 환자 같은 경우에 혈압이 떨어지고 쇼크상태가 와서 사망할 수도 있다. 알부민을 만드는 원료가 바로 혈액이다. 하지만 헌혈이 적다 보니 알부민 제조가 어려워지고, 제때 확보하지 못하는 병원들은 만약의 사태에 대비해 아주 불가피한 상황이 아니면 아예 알부민 처방을 최소화한다는 것이다.

알부민의 원료는 혈장이다. 그러나 헌혈 자체가 부족한 상태에서 이런 원료 확보 자체가 어려운 것이다. 일반 공산품 같은 것은 수입을 해서 쓴다고 하지만 혈액이나 그 원료는 수입도 쉽지 않은 게 당연하다.

헌혈자가 늘기를 마냥 기다리고 있을 수는 없다. 혈액 부족으로 인해 심각한 상황이 닥치지 않도록 서둘러 대책을 마련해야 할 것이다. 만약 혈액부족 대란이 올 경우 돈 있는 사람들이야 위급 시 무슨 수를 써서라도 자기 몸 치료를 하겠지만, 그 피해가 고스란히 돈 없는 서민들에게만 전가되지 않을까 걱정된다. 헌혈은 선택이 아니다. 헌혈은 이제 시민의 필수적인 의무이기도 하다.

22. 보신탕

나는 개고기를 먹지 않는다. 개고기를 음식으로 즐긴다는 것은 상상도 할 수가 없다. 그러나, 미국이나 다른 서양 국가들에서 나오는 일부 뉴스보도를 보면, 오류들도 그렇고, 이 문제를 이슈화하려는 의도가 보여 좀 기분이 나빠진다. 먼저, 한국에서 개고기를 먹는 사람들은 5~10% 정도밖에 안 된다. 게다가, 개고기를 먹는 사람들은 대부분 50대 이상이다. 젊은 세대는 개를 음식으로 보지 않는다. 일부 해외 언론이 잘못 알고 있는 것과는 달리, 개고기를 먹는 사람들도, 집에서 키우는 가족인 애완견을 먹는 건 상상도 못할 일이다.

하지만 여기서 중요한 것은 한국인 대부분이 개고기를 먹느냐 먹지 않느냐 하는 것이 아니다. 여기서 중요한 것은, 개고기를 먹는 것이 나쁜 것인가 하는 점이다. 역사적 기록을 살펴보면, 유럽 일부 국가들도 개고기를 먹곤 했다. 중국인과 한국인들 중 일부는 아직도 먹지만 말이다. 먼 과거, 한국인들이 개고기를 먹었을 때, 그것은 생존의 수단이었다. 기아사태가 만연해 있었고, 소고기나 돼지고기는 대부분의 사람들에게는 너무 비쌌다. 개고기를 먹어야 했을 때는, 그것 말고는 다른 음식이 없었던 것이다.

좀더 논지에 부합한 얘기를 하자면, 개고기를 먹는 것이 잘못된 일은 아니라는 점이다. 서방에서는 흔히 개는 인간의 가장 친한 친구라는 생각을 갖고 있다. 하지만 우리는 그렇지 않다. 최소한 100년 전에는 그랬다. 오리가 가장 좋은 친구라며 푸아그라나 오리고기를 먹는 사람을 비난할 수는 없다. 오리가 인간의 가장 좋은 친구가 될 순 없다는 생각은 마시라. 어떤 사람에게는 오리가 인간의 가장 좋은 친구다.

한국의 개고기를 먹는 문화가 전혀 문제가 없다는 것은 아니다. 지금 필요한 일은 법과 규정에 관한 문제다. 개는 가축이다. 하지만, 소나 돼지와는 달리, 개는 축산물가공법의 적용을 받지 않는다. 쉽게 말해, 개고기는 최소한 이론상 존재하지 않는다. 그런데 여전히 한국에는 개고기 도살장이 많이 있고, 그 도살하는 방식을 보고 있노라면, 심지어 개고기를 먹는 사람들도 역겨워할 정도다. 한국이 해외 언론에서 조롱을 받는 가장 큰 이유 중 하나가 바로 이것이다. 그런데도 당국에서는 개를 음식으로 인정하지 않는데, 그 이유는, 만약 그렇게 하면, 많은 국가로부터 또 한국을 방문하는 외국인 관광객으로부터 비난을 받게 될 것이 뻔하기 때문이다. 문제를 못본 척 한다고 해서 문제가 사라지는 것은 아니다. 이제 개고기를 합법화하고 도살장을 규제해서, 동물학대 행위에 엄벌을 가해야 할 것이다. 또, 개고기를 먹는 것에 격분하는 사람들에게 '합리적 사고'를 할 것을 촉구하는 바이다.

우리 집에는 앵무새 두 마리가 있다. 보리와 보아다. 정말이지 너무 예쁜 녀석들이다. 설마 그럴 리는 없지만 혹시라도 일부 유럽 사람들이 앵무새 고기를 먹는다는 얘기를 듣게 되면, 나는 그 사람들을 증오할 것이다. 하지만, 그냥 모른 채 할 것이다. 개고기에 관해서도 우리는 모두 그렇게 해야 한다.

23. 호스피스

현재 우리나라의 암 환자는 58만명 정도이며 매년 그 중 6만명이 암으로 숨지고 있다고 한다. 누구나 자신이 죽을 때까지 암은 찾아오지 말기를 바랄 것이다. 하지만 그것은 불가항력이기 때문에 불운하게도 암을 얻어 임종의 순간을 맞는 것 또한 숙명일 수밖에 없다. 암 발병 후 치료하는 것도 중요하지만 어쩔 수 없이 사망할 경우 환자의 품위 있는 임종을 도와주는 것 또한 우리 사회의 중요한 책무다.

암 환자의 임종을 지켜주는 의료 시스템이 호스피스 제도다. 말기암 환자는 임종 한 두 달

전부터 호스피스 병동에서 입원 치료를 받으면서 삶을 정리하며 가족들과 마지막 시간을 함께한다. 본인이 외롭지 않고 삶에 대해 감사하다는 것을 늘 느끼게 해준다. 통증과 호흡곤란을 호소하면 의료진이 즉시 달려와서 처치해 준다.

결국 호스피스란 말기암 환자가 품위 있는 임종을 맞게 하고 그 과정에서 고통으로부터 자유로울 수 있게 해주는 프로그램이다. 실제로 대다수의 말기암 환자들은 불필요하고 고통스러운 화학요법 치료를 받다가 결국 고통스럽게 죽게 되기 때문에, 이런 도움은 큰 의미가 있는 것이다.

하지만 우리나라 호스피스 병상은 전국에 600여개뿐이다. 전국의 말기 암 환자 숫자로 볼 때 필요 병상의 4분의 1도 되지 않는 규모라는 게 문제다. 상황이 이렇다 보니 말기 암 환자 3분의1 정도는 사망 한달 전까지 일반 병원에서 불필요한 항암치료를 받으며 고통스럽게 죽음을 맞고 있다.

호스피스 병동은 특성상 많은 의료진이 필요하다. 그러다보니 의료수가가 비싸지는데 병원들은 적자가 무서워 호스피스 병동을 늘리지 못하는 것이다. 병원들이 돈이 안된다는 이유로 중환자실과 응급실 활용을 줄이는 것과 흡사하다. 그렇다고 수익이 없는데 병원들에 무작정 호스피스 병동을 늘리라고 강요 할 수는 없다. 정부가 왜 있는 것인가. 다른 부분에서 예산을 아껴서라도 호스피스 병상 수를 늘릴 수는 없는 것인가.

24. 서울에서 홀로서기

서울 생활을 시작한 지도 벌써 8년이 다 되어간다. 지방에서 20년을 보냈기에 서울에 대한 막연한 두려움이 컸다. 서울 생활을 하는 것은 처음이었기 때문에, '서울은 공기도 더럽고 물도 더러워서 도저히 살 수 없을 거야. 게다가 서울에는 범죄자가 많잖아' 하는 생각이 들었다.

무엇보다, 서울에서 여자 홀로 살아간다는 것은 여간 무서운 일이 아니다. 뉴스에서 서울에서 성추행이나 성폭행이나 살인사건이 났다는 보도라도 나오면 온 몸에 소름이 돋을 지경이었다. 내가 혼자 사는 것을 누가 알아채고 혹시 몰래 집에 들어오면 어쩌나 하는 생각까지 들었다. 여러 걱정 끝에, 가족들과 친구들의 조언을 따라 '예방책'을 쓰기로 했다.

작전명: 혼자 안 사는 척 하기. 첫째, 빨래 건조대에 남자 옷을 내 옷과 같이 널어 놓는다. 남동생이 있기에 그걸 구하는 건 어렵지 않았다. 둘째, 우편이나 택배는 다른 사람에게 받아달라고 한다. 남동생이 서울에 올라오면 동생에게 택배를 받게 한다. 셋째, 최대한 눈에 안 띄도록 한다. 난 정말 범죄의 두려움 없이 살려고 무진장 고생을 했다. 그런데 지금 와서 생각해 보면, 난 두려움에 떨며 살았던 것 같다.

그러던 어느 날, '살려주세요' 하고 소리치는 소리가 들렸다. 옆집에 사는 여학생에게서 나오는 소리였다. 난 그 자리에 얼어붙어 버렸다. 아니 왜 '살려주세요'라고 소리를 지를까. 그 때 나는 머리를 말리고 있었다. 아마, 내가 드라이어를 켜서 그 소리를 듣고 소리를 지른 것이었나 보다. 도대체 무슨 일이 벌어지고 있는 것인지 알 수 없었다. 그냥 지나칠 수 만은 없는 일이었다. '경찰을 부를까. 아니야 그러기엔 상황이 너무 급해' 하고 생각했다. 무엇이든 조치를 취해야 했다. 하지만 나 같은 여자 한 명이 무얼 할 수 있단 말인가. 난 드라이기를 다

시 컸다. 그 때 또 다시 다급한 목소리가 들려왔다. '살려주세요!'

'혹시 무슨 일이라도 벌어지면 다 내 책임이야' 하고 마음을 먹었다. 성폭행을 당하거나 당장 살인이라도 날 수 있는 일이었다. 그런데 나는 머리를 말리고 있다니. 정말 내가 너무 싫었다. 바로 집 밖으로 뛰쳐나갔더니 옆집에 사는 남자가 서있는 것이었다. 아마 나와 같은 생각으로 나온 것 같았다. 난 문을 두드리고 말했다. '무슨 일이세요? 괜찮으세요?' 그렇게 말하면서 '아니 무슨 소리야. 안 괜찮겠지. 그러니까 소리를 지르는 거지' 하고 생각이 들었다. 여학생은 힘없는 목소리로 '살려주세요…' 거의 흐느끼는 목소리였다. 그래서 내가 말했다. '무슨 일이에요? 어떻게 도와드리면 되요?' 난 두려움에 떨고 있었다. 잠시 뒤에 목소리가 들려왔다.

'저 화장실에 갇혔어요'. 난 그냥 좀 황당했다. 물론 끔찍한 범죄보다야 낫지만, '살려주세요' 하고 소리를 지를게 아니라 화장실에 갇혔다고 말하면 되었을 것을. 난 한숨을 쉬고, 집주인에게 말해주겠다고 했다. 서울에서 여자로 혼자 사는 것은 참 힘든 일이다.

25. 제3 언어의 탄생

우리는, 영어가 사실상 세계공통어가 된 세상에 살고 있다. 많은 나라에서, 영어에 대해 충분한 지식을 가지고 있지 않으면 불이익을 받거나 당황스러운 상황에 처해야 하는 경우도 많다. 한국도 전 세계를 휩쓸고 있는 이런 열풍에서 예외는 아니었다. 그러다보니, 영어가 커리어와 삶에 큰 의미를 갖는 이런 나라에서, 남들보다 앞서 나가려는 사람들을 겨냥한 산업이 생겨난 것도 이상한 일은 아니다.

당연한 일이지만, 영어를 잘 하기 위한 방법에 대해서는 많은 이론들이 나오기도 하고 많은 시도도 이루어져 왔다. 그러는 동안, 다른 많은 국가에서처럼, 한국에서도 제 3의 언어가 탄생했다. 우리는 그것을, 한국어와 영어가 독특하게 조합된 '콩글리시'라 부르기도 되었다. 콩글리시가 영어학습자들에게 가하는 위해는 말로 다 할 수 없을 정도다. 또, 이미 그런 것들에 우리는 너무 익숙하기 때문에 사실 자세히 언급할 필요도 없는 것 같다. 하지만, 몇 가지만 들어보기로 하자.

몇 년 전 한 백화점이 조롱을 받게 된 사건이 있었다. 한 외국인이, 그 백화점이 내건 플래카드에 '여름암캐페스티발'이라고 써있는 사진을 찍어 올린 것이었다. 사실 그 정도는 귀엽게 봐줄 수 있다. 그냥 오타에 불과했으니 말이다. 게다가 그 백화점은 나중에, 그 오류를 알고 있었고 해당 플래카드는 없앨 생각이었다고 설명했다. 많은 한국인들은 아이들이나 성인들이 수학이나 외국어 등을 배우는 사설교육기관을 '양성소(academy)'라는 단어를 이용해 표현하곤 한다. 난 내 학생들에게, 미국이나 다른 영어사용국가들에는 그런 기관이 없으니, 그냥 우리가 부르는 대로 '학원'이라고 하는 것이 낫다고 설명한다. 그렇게 하면 한국에 최소한 1년 정도 있었던 외국인은 모두 알아들을 것이다.

영어가 모국어가 아닌 다른 나라에서처럼, 한국에서 영어는 한국어와 '섞여' 버렸다. 이런 추세가 생겨난 가장 큰 이유는 첫째, 영어의 법칙을 배움으로써 영어를 배울 수 있다고 생각하는 것. 둘째는 영어 단어를 한국어 단어와 1:1로 묶고, 그것을 암기하면 의미를 전달할 수 있을 것이라고 믿는 것이다. 한국인들은 문법을 먼저 배우고, 영어 단어들을 골라, 그 단어들에 대한 한국어 대응어를 찾아 둘씩 묶어놓고, 문법 규칙에 맞게 문장을 '만들어'낸다. 그 결과로 생긴 문장은, 문법적으로는 문제가 없지만 의도한 바를 전달하지 못하거나 아예 말이 안 되는 문장이다. 언어를 배운다는 것은 언어를 경험한다는 것이다. 이것은 책상에 앉아 공부하는 것이 아니다.

외국어를 배운다는 것은 참으로 어려운 일이다. 나는 26개월 군생활을 마치던 25세 되던 해부터 영어를 배우기 시작했다. 그리고 아직도 영어를 익히고 있다. 나는 내 학생들이, 영어를 배우는 일이 시간이 많이 걸리는 어려운 일이라는 점을 알았으면 한다. 하지만, 동시에 그, 평생에 걸쳐 해야 하는 학습이 그냥 지루하고, 시간만 오래 걸리는 따분한 일이 아니었으면 좋겠다. 영어를 배운다는 것은 재미도 있고 보람도 있는 일이 될 수 있다.

26. 빈익빈 부익부

1980년대 이전만 해도 미국 기업의 최고경영자(CEO) 평균 연봉은 일반 노동자 임금소득의 20~30배였다. 현재 여타 주요 선진국의 CEO들 대부분이 이 수준을 유지하고 있다. 영국은 22배, 캐나다는 20배 그리고 좀 더 보수적인 일본의 CEO들이 11배에 이른다.

미국 기업의 경영진 급여 체계가 이상한 방향으로 흘러가기 시작한 것은 1980년대 후반으로 접어들면서다. 요즘엔 이들 CEO의 급여가 자그마치 미국 노동자 평균의 400배까지 뛰어올랐다. 특히 미국 경제의 견인차인 금융분야에서 이런 경향이 더 심하다고 한다. 경영성과에 따른 인센티브 제도가 과도하게 진화해 버린 데 그 원인이 있다.

금융계 CEO들은 자연히 이익 극대화를 위해 극도의 리스크 테이킹(모험 감수)을 저지르기 일쑤다. 해당 회계연도의 이익이 크면 클수록 급여에서의 보상 배율이 커지기 때문이다. 투자은행들이 자기네 영업에서 도박성 짙은 파생금융상품 투자에 더 많은 자원을 쏟아 붓거나, 판돈 키우기에 올인하는 이유가 바로 여기에 있다. 아니나 다를까, 그들의 도박은 지난해 글로벌 금융위기를 초래했고 마침내 그들에 비해 소득이 400분의 1에 지나지 않는 일반 노동자들이 자기 주머니를 털어 금융산업을 구제해야 하는 어처구니없는 사태가 벌어진 것이다.

버락 오바마 미국 대통령이 이런 사태에 대해 "경영진 보수는 책임감보다 무모함에 보상하는 격"이라고 개탄한 것은 물론, 일반 미국인들이 월스트리트 CEO들을 향해 '살 파먹는 박테리아'라는 비난을 쏟아내도 아무런 할 말이 없어진 셈이다.

2011년 월가를 중심으로 벌어진 시위에서 사용되어 널리 알려진 '우리는 99%'라는 슬로건이 있다. 이런 분노는 많은 한국인들도 느끼고 있는 것이다. 우리가 30년 전보다는 분명히 형편이 나아졌다고는 하나 부의 격차 역시 커졌다.

한국은 여전히 공산주의의 망령에 시달리고 있다. 누군가 '부의 재분배' 얘기를 꺼내기만 하면 그 사람은 많은 사람들에게, 갑자기 북한의 공산주의를 열렬히 지지하는 '종북'세력이 된다. 참으로 슬픈 현실이다. 흥미로운 점은, 소위 부의 재분배를 신랄하게 비판하는 사람들의 대다수는 가난하고 나이든 분들이고, 연금을 좀 올려주겠다고 하면 기꺼이 투표를 하는 분들이라는 점이다. 나는 부의 재분배를 대 찬성하는 것은 아니다. 하지만 슬픈 생각이 드는 건 어쩔 수 없는 것 같다.

27. 사형제도의 역사

미국에서는 매우 심각한 범죄에 대해 유죄판결을 받은 사람들은 이따금씩 사형언도를 받는다. 이런 범죄 가운데는 1급살인과, 반역죄에 해당하는 모반 등이 있다. 사형제도는 유럽에서 미국에 들어온 초기 정착민들이 도입했다. 개척시대 미국에서는 살인과 강간 혐의에 대해 유죄판결을 받은 사람들이 교수형이나 총살로 사형당하는 일이 많았다. 절도범이나 도둑, 심지어 위조를 하다가 잡힌 사람들도 사형언도를 받곤 했다. 이렇게 함으로서 다른 범죄자들이 범죄를 저지르지 않도록 할 수 있다고 생각했기 때문이다.

사람들은 점차, 범죄자들이 애초부터 사악한 사람들은 아니라고 생각하기 시작했다. 그보다는 빈곤, 교육, 기회의 문제라고 생각한 것이다. 사람들은, 사회가 범죄자를 죽이기보다는 도와주어야 한다고 생각했다. 사형제도에 대한 생각이 바뀌게 된 또 다른 이유는 경제적인 측면이다. 감옥을 운영하는 데는 돈이 많이 든다. 초기 미국의 주들은 많은 사람들을 감옥에 잡아두는 데 드는 비용을 감당할 수가 없었다. 그래서, 감옥에 가두기보다 사형을 시키는 쪽을 택하기도 했다. 하지만 산업혁명기에 사회가 점차 풍요로워짐에 따라, 감옥을 운영할 만 한 재정적 여유가 생기게 되었다. 이러한 여러 이유로, 사형을 집행하는 것보다는 감옥에 사람을 가두는 쪽으로 기울게 되었다.

1800년대 중반이 되면서 많은 주들은 살인범의 경우를 제외하고는 사형을 금지시켰다. 그러나 이런 주들은 주로 북쪽에 있는 주들이었다. 남부 지역에 있는 주들은 다양한 범죄에 대해 사형언도를 내리고 있었다. 이런 추세는 지금도 미국에서 계속되고 있다. 심지어 오늘날도 대부분의 사형집행은 남부지역에 있는 주에서 이루어진다. 사람들은 보통 남부에 있는 주들이 북쪽보다 더 보수적이라고 생각한다. 남부의 주들은 약물 주입을 통한 사형방법을 주로 택한다. 이것이 가장 '인간적인' 방법이라고 생각하는 것이다.

미국에서는 지난 몇 년간 사형제도를 둘러싼 논쟁이 전국에 걸쳐 일어나게 되었다. 최근에 제기되고 있는 반론은, 유죄판결을 받고 사형언도를 받은 사람들 중에는 사실 죄가 없는 사람들도 있다는 것이다. DNA 테스트와 같이 증거를 확인하는 데 쓰이는 새로운 방법이 도입됨에 따라 많은 사형수들이 구제되었다. 많은 경우, 범죄자들의 유죄를 100% 입증하는 것은 어렵기 때문에 사람들에게 사형언도를 내리는 것은 옳지 않다는 것이다. 결국 무죄일 가능성도 있기 때문이다. 실제로, 일리노이주 주지사는 최근 일리노이 주에서 모든 사형집행을 중단시켰다. 일리노이 주에서는 일부 사형수들이 혐의를 벗게 된 사례들이 있었다. 그런 일이 있고 난 뒤, 주지사는 사형집행을 받는 사람들 중에는 부당하게 유죄판결을 받은 사람도 있을지 모른다는 생각을 하게 된 것이다.

사형제도를 반대하는 또 다른 이유는, 사형을 집행하는 데 드는 비용이 많다는 것이다. 사형언도를 받는 사람은 여러 차례 항소할 권리를 갖는다. 주 입장에서는 매번 상급법원에서 사형언도에 대한 입장을 변호해야 한다. 한 연구에 따르면, 제소자가 사형언도에 대해 사용할 수 있는 모든 항소권을 사용할 경우 법적 비용은 백만 불을 넘는다고 한다. 전국에 걸친 이런 열띤 논쟁에도 불구하고, 과반수의 미국인들은 아직 사형제도에 찬성하고 있다.

최근 한 연구에 따르면, 미국인의 65%는 1급살인과 같은 일부 범죄에 대해서는 사형이 적절하다고 생각한다고 한다. 대량학살의 경우 사형구형을 찬성하는 비율은 이보다도 높다. 미국인들 중 80%는 오클라호마시 폭탄테러로 수백 명의 목숨을 앗아간 티모시 맥베이씨에게 내려진 사형언도에 찬성했다고 한다.